Achtsamkeitstraining für KINDER

Durch 33 spielerische Übungen zu mehr kognitiver Wahrnehmung im Alltag.
Inkl. Traumreisen zur Entspannung

FLORIANA SCHILLING

Copyright © 2021 – Floriana Schilling

Alle Rechte vorbehalten.

Die Rechte des hier verwendeten Textmaterials liegen ausdrücklich beim Verfasser. Eine Verbreitung oder Verwendung des Materials ist untersagt und bedarf in Ausnahmefällen der eindeutigen Zustimmung des Verfassers.

INHALTSVERZEICHNIS

Vorwort 1
Achtsamkeit – was ist das eigentlich? 5
    Woher stammt die Achtsamkeitspraxis eigentlich
    und was bewirkt sie? 9
Warum ist Achtsamkeit so bedeutsam für Kinder? 13
Die Konsequenzen fehlender Achtsamkeit bei Kindern ... 19
Die verschiedenen Haltungen der Achtsamkeit 21
    Die geistigen Haltungen der Achtsamkeit 22
Gelebte Achtsamkeit im Familienalltag – wie gelingt
die Umsetzung? 41
Wie können Kinder die Fähigkeit
der Achtsamkeit erlernen? 55
Vorteile von erhöhter Achtsamkeit 59
33 Übungen für mehr Achtsamkeit bei Kindern 63
    Achtsamkeit für mehr Konzentration 63
    Gelassenheit lernen für kleine Abenteurer 81
    Bleib in Bewegung 89
    Veränderung beginnt im Kopf 96
    Power-Alltagsübungen 101

Elf Traum- und Fantasiereisen für Kinder zur
Entspannung und Förderung der Achtsamkeit 113
    1. Regenbogenwelt 115
    2. Zauberhafte Märchenwelt 118
    3. Schiff ahoi! 121
    4. Ein Tag am Strand 125
    5. Der Berg ruft! 128
    6. Herbstbeginn 131
    7. Frühlingsboten........................... 133
    8. Regentanz 136
    9. Abendspaziergang 138
    10. Flieg, kleines Vögelchen 140
    11. Wintermärchen........................... 143

Sechs Meditationstechniken für Kinder................. 145
    1. Sei kreativ – Mandalas ausmalen 147
    2. Herzwärme 150
    3. Die Fünf-Minuten-Meditation 151
    4. Bewegungsmeditation 152
    5. Entspannungsmeditation für den Alltag 153
    6. Sei gut zu allen Lebewesen 155

Schlusswort.. 157

Quellenverzeichnis 159

Bilderverzeichnis 161

Vorwort

„Wenn Du Dein Leben so erfüllt und glücklich leben möchtest, wie es geht, dann sei dort, wo es stattfindet: im Hier und Jetzt!"

Doris Kirch

Liebe Eltern,

schön, dass Sie sich für dieses Buch entschieden haben. Achtsamkeit ist gerade in unserem modernen hektischen Alltag ein immer wichtigeres Thema, nicht nur bei uns Erwachsenen, sondern auch bei unseren Kindern. Leider halten noch viel zu viele Menschen dieses Thema für einen belanglosen Modetrend und verpassen somit eine große Chance, denn die positiven Wirkungen der Achtsamkeit sind sogar wissenschaftlich belegt.

Viele Menschen sind mit ihren Gedanken entweder in der Vergangenheit oder sie malen sich schon die Zukunft aus. Sie verlieren sich in Grübeleien, in Sorgen und in ihrem Gedankenkarussell. Achtsamkeit bedeutet jedoch, im Hier und Jetzt zu leben, nicht nur körperlich, sondern auch mental. Es geht im Wesentlichen darum, den Moment zu achten, ohne ihn zu bewerten oder darüber zu urteilen. Wir neigen im

Alltag oft nur allzu schnell dazu, alles einer entsprechenden Bewertung zu unterziehen. Achtsame Menschen versuchen sich jedoch von einem solchen Verhalten zu lösen und sich auf das zu konzentrieren, was außerhalb der eigenen Gedankenwelt liegt. Auf diese Weise lässt sich eine gesunde Distanz zu den eigenen Gedanken schaffen, Stress abbauen und das eigene Wohlbefinden fördern.

Die US-amerikanische Schriftstellerin Pearl S. Buck sagte einmal: „Die wahre Lebensweisheit besteht darin, im Alltäglichen das Wunderbare zu sehen." Genau dazu soll die Achtsamkeit Groß und Klein befähigen!

Achtsamkeit kann Ihr Leben und das Leben Ihres Kindes sehr positiv beeinflussen. Jeder Mensch möchte glücklich und zufrieden leben und dies wünscht sich auch jede Mutter und jeder Vater für die eigenen Kinder. Man möchte die Kleinen auf das Leben, auf alle Hürden und Herausforderungen, die künftig auf sie zukommen können, vorbereiten. Mithilfe des von Ihnen vermittelten Wissens sollen sie dann ein möglichst schönes und unkompliziertes Leben führen.

Allerdings passiert es später nur allzu oft, dass man sich im Alltagsstress zwischen Schule, Job und Familie verliert. Und mehr noch: Man verliert auch das Wesentliche aus den Augen. Dieses Buch möchte hier ansetzen und Kindern bereits frühzeitig das Thema „Achtsamkeit" spielerisch näherbringen.

Das Internet strotzt nur so von Informationen dazu, doch es fällt einem oft schwer, sie alle zu überblicken, zu sortieren und wichtige Zusammenhänge zu erkennen. Aus diesem Grund ist dieser Ratgeber entstanden. In diesem Buch erfahren Sie, warum Achtsamkeit so essenziell für Kinder ist und wie Sie diese gekonnt im Alltag leben können. Zudem erwarten Sie und Ihre kleinen Schätze viele lustige Achtsamkeitsübungen, Fantasiereisen und Meditationen.

Dieses Buch bietet Ihnen viele verschiedene Möglichkeiten, um Ihr alltägliches Leben und das Leben Ihrer Kinder nachhaltig zu verbessern. Wenn Kinder schon frühzeitig mit diesem so bedeutungsvollen Thema in Berührung kommen, dann hat das einen sehr positiven Effekt auf ihren weiteren Lebensverlauf! Sie können gelassener durch den Alltag gehen und zudem besser mit Herausforderungen und Krisen fertigwerden.

Aller Anfang ist bekanntlich schwer! Bringen Sie daher bitte ausreichend Geduld mit, denn Achtsamkeit muss man erst einmal erlernen. Lassen Sie sich nicht davon entmutigen, wenn es zu Beginn noch nicht so gut gelingt, sich fallen zu lassen. Sie werden sehen, dass es mit der Zeit immer besser klappen wird und die Achtsamkeit im Alltag mehr und mehr zur Gewohnheit wird.

Versuchen Sie, gemeinsam mit Ihrem Kind einen eigenen Weg zu gehen, sich schrittweise hineinzufühlen und so vorzugehen, wie es für Sie am besten passt. Und nicht vergessen: Bloß nicht aufgeben!

Machen Sie sich zunächst einmal ganz in Ruhe mit dem Thema vertraut, dann können Sie es nämlich auch Ihren Kindern sehr gut weitervermitteln. Nur wenn Sie selbst wissen und verstehen, worum es geht, können Sie es gemeinsam mit Ihren Kindern anwenden.

Achtsamkeit muss man lernen und bewusst in den Alltag integrieren, doch das zahlt sich definitiv aus! Gehen Sie auf diese spannende Reise und erwerben Sie diese so nützliche Fähigkeit! Ganz egal, in welchem Lebensalter: Jeder von uns kann achtsamer leben und somit sein Leben deutlich verbessern.

Ich wünsche Ihnen nun viel Freude beim Lesen sowie beim Ausprobieren der Übungen, Meditationen und Fantasiereisen. Finden Sie zu einem ganz neuen Lebensgefühl voller innerer Ruhe, Zufriedenheit und Freude!

Achtsamkeit - was ist das eigentlich?

Jeder von uns hat wahrscheinlich schon mal den Begriff „Achtsamkeit" gehört, doch was steckt eigentlich konkret dahinter? Was macht Achtsamkeit aus und welche Folgen kann es für unser Leben haben, wenn wir nicht achtsam sind? Und was können wir tun, um diese Fähigkeit im Alltag zu erlangen?

Achtsamkeit heißt, sich auf das Hier und Jetzt zu besinnen, nicht auf gestern und auch nicht auf morgen! Sie bedeutet, seine ganze Aufmerksamkeit bewusst auf etwas Bestimmtes lenken zu können. Achtsam zu sein heißt außerdem, eine komplett wertfreie und beobachtende Haltung einzunehmen. Wenn wir achtsam sind, dann können wir uns unsere eigenen Denk- und Handlungsmuster bewusstmachen und sie gegebenenfalls ändern. Wir können besser mit fordernden Lebensereignissen und negativen Gefühlen umgehen. Achtsame Menschen können darüber hinaus die eigenen Bedürfnisse besser wahrnehmen. Jeder dieser Aspekte kann gezielt trainiert und mithilfe bestimmter Übungen und Meditationen in den Alltag integriert werden.

Es gibt verschiedene Stufen der Achtsamkeit und mit regelmäßiger Übung sowie ausreichend Geduld kann man die Achtsamkeitsleiter immer höher klettern, bis man schließlich den Zustand erreicht, in dem man nahezu alles – bis ins feinste Detail – aufnehmen kann. Das hört sich zunächst sehr arbeitsintensiv an, doch es ist durchaus erreichbar. Sie können es schaffen, gemeinsam mit Ihrem Kind! Es ist jedoch grundlegend, dass Sie sich keinen Druck machen, sondern vielmehr mit Leichtigkeit und Flexibilität zu mehr Achtsamkeit finden.

Achtsamkeit ist eine Qualität des Bewusstseins des Menschen, man könnte sagen, sie ist eine besondere Form der Aufmerksamkeit. Es handelt sich dabei also konkret um einen klaren Bewusstseinszustand, der es uns erlaubt, jede innere und äußere Lebenserfahrung im Hier und Jetzt vorurteilsfrei wahrzunehmen und zuzulassen. Somit wird vom Automatikmodus in den Achtsamkeitsmodus gewechselt – und in diese innere Haltung darf und soll man hineinwachsen, schrittweise und langsam.

Das Achtgeben kann sich auf gegenwärtige Gedanken, Bewegungen, Emotionen, Handlungen oder Sinneseindrücke beziehen: „Jetzt denke ich…", „Jetzt fühle ich…", „Jetzt rieche ich…", „Jetzt schmecke ich…".

Lassen Sie uns als Beispiel zur Veranschaulichung eine banale Alltagssituation anschauen, nämlich das tägliche Zähneputzen:

- Stellen Sie sich bewusst und achtsam vor, wie Sie zunächst den Geruch der Zahnpasta wahrnehmen.
- Betrachten Sie die Form sowie die Farbe Ihrer Zahnbürste.
- Sie schmecken den frischen Pfefferminzgeschmack in Ihrem Mundraum.
- Sie spüren den sanften Druck der Zahnbürste.
- Achten Sie zugleich auf das, was Sie hören, nämlich das Geräusch der reibenden Borsten an der Zahnoberfläche.
- Achten Sie außerdem bewusst auf die einzelnen Bewegungsabläufe beim Putzen.

Versuchen Sie, vollständig in den Achtsamkeitsmodus zu schalten, und machen Sie diese Übung gemeinsam mit Ihrem Kind. Sie werden sehen: Sobald Sie den Achtsamkeitsmodus wieder verlassen, werden Sie der Tätigkeit des Zähneputzens gar nicht mehr wirklich Beachtung schenken. Ihre Gedanken werden abschweifen und Ihr Fokus wird sich immer mehr auf andere Dinge richten.

Das verdeutlicht nochmal das Herzstück der Achtsamkeit, nämlich das aufmerksame und wertfreie Beobachten des aktuellen Augenblicks.

Aber zur Achtsamkeit gehört mehr als nur die bewusste Wahrnehmung. Denn so gesehen ist auch die Konzentration nichts anderes als das fokussierte Wahrnehmen von Gedanken, Emotionen, Stimmungen oder Situationen. Doch zur Achtsamkeit gehört mehr – nämlich das Wahrnehmen OHNE Wertung, OHNE Urteil und OHNE einen Zweck!

Das bedeutet, dass Sie und Ihr Kind bewusst den Augenblick wahrnehmen:

- **ohne ihn zu bewerten!**
  Untergliedern Sie das, was Sie wahrnehmen, nicht in „gut" oder „schlecht", nicht in „positiv" oder „negativ"! Ganz egal, was Sie wahrnehmen – ob Ärger, Wut, Verspannung, Nervosität oder Freude – akzeptieren Sie alles so, wie es ist, und erlauben Sie dem Augenblick wertfrei so zu sein, wie er ist.

- **ohne ihn zu hinterfragen!**
  Fragen Sie nicht: „Warum fühle ich das jetzt?" oder „Warum tauchen diese Gedanken jetzt gerade auf?" Akzeptieren Sie den Moment!

- **ohne ihn verändern zu wollen!**
  Nehmen Sie es einfach hin und spüren Sie, was das innerlich in Ihnen verändert. Tauschen Sie sich mit Ihrem Kind auch unbedingt über Ihre Empfindungen aus. Fragen Sie es, wie es sich fühlt!

An dieser Stelle möchte ich eine kleine Geschichte mit Ihnen teilen:

Mia hat eine sehr enge Beziehung zu ihrer Mutter, die beiden sind ein Herz und eine Seele. Eines Tages, bevor das Mädchen auszog, um eigene Wege zu gehen, fragte sie ihre Mutter: Mama, wie kann man im Leben wirklich glücklich sein? Was kann mir dabei helfen, meinen Weg voller Liebe, Sicherheit,

Kraft und Stärke zu gehen? Wie finde ich echten inneren Frieden?

Ihre Mutter antwortete ihr:

- *Achte auf Deine Gefühle, mein Schatz, ohne sie zu bewerten – jeden Tag wieder neu!*
- *Achte auf das, was Du tust, ohne es zu bewerten – jeden Tag wieder neu!*
- *Achte auf Deine Gedanken, ohne sie zu bewerten – jeden Tag wieder neu!*
- *Achte auf Deine Bedürfnisse, ohne sie einer Wertung zu unterziehen, täglich wieder neu!*
- *Sei einfach bei Dir – und der Rest kommt von ganz allein!*

Bei der Achtsamkeit geht es primär also um das aufmerksame und wertfreie Beobachten des Moments, also dessen, was aktuell sichtbar, fühlbar, hörbar und riechbar ist (die Außenwelt), aber auch um die eigene Innenwelt, also die eigenen Gedanken, Emotionen und Stimmungen.

Woher stammt die Achtsamkeitspraxis eigentlich und was bewirkt sie?

Die Praxis der Achtsamkeit hat ihre Wurzeln und ihren Ursprung im „Satipatthana Sutta", den zweieinhalbtausend Jahre alten Lehren des Buddhismus. Das Konzept gründet auf bestimmten geistigen Qualitäten – den Haltungen der Achtsamkeit. Es ist ungemein schwer, konkret zu benennen, was Achtsamkeit ist und was nicht, so ähnlich, wie es sich kaum in Worte fassen lässt, was Liebe konkret ist. Sie ist in jedem Fall ein wertfreies Beobachten und Annehmen der Gegenwart – so wie diese ist!

Wer Achtsamkeit ernsthaft und vor allem regelmäßig praktiziert, der wird schnell feststellen, dass Glück, innere Zufriedenheit und echte Lebensfreude nicht von äußeren Bedingungen abhängig sind. Ein achtsamer Mensch entwickelt einen klaren und stabilen Geist, der ihm letztlich erlaubt, sogar in schwierigen Lebenssituationen und herausfordernden Zeiten aus den inneren Kraftressourcen zu schöpfen. Und das hat letztendlich verschiedene heilsame und zutiefst wohltuende Auswirkungen: Es führt zu einem besseren Verständnis bezüglich der eigenen Person und hinsichtlich des eigenen Lebens. Es schafft einen Zugang zu den eigenen inneren Kraftquellen und es ermöglicht einem, die selbst gesteckten Grenzen zu überschreiten, also über sich selbst hinauszuwachsen. Achtsamkeit bewirkt eine Kräftigung, eine Stabilisierung und zugleich eine Beruhigung des Geistes. Es bedeutet, sich von den eigenen, manchmal belastenden Gedanken und Gefühlen nicht „auffressen" zu lassen.

Achtsame Menschen können besser mit psychisch-emotionalen Belastungen und Stresssituationen umgehen. Sie sind resilienter und stressresistenter! Widrige Situationen werfen einen nicht mehr so einfach aus der Bahn. Des Weiteren begegnet man sich selbst geduldiger und einfühlsamer. Achtsame Menschen können sich selbst so respektieren und akzeptieren, wie sie sind. Wer achtsam ist, ist weniger ängstlich und seltener niedergeschlagen oder gar deprimiert.

Achtsame Menschen lernen, eine immer besser Impulskontrolle zu entwickeln, das bedeutet, dass sie selbst in ärgerlichen Situationen nicht mehr so aufbrausend reagieren. Sie schaffen es, negative Gefühle und Gedanken in sinnvolle und konstruktive Bahnen zu lenken. Sie handeln selbstbestimmter und auch selbstbewusster. Sie sind freundlich, doch sie sind durchaus in der Lage, „Nein" zu sagen. Achtsame Menschen haben eine bessere innere Balance, mehr Souveränität und können auch immer mehr Lebensfreude entwickeln und sie sogar angesichts komplexer und persönlich fordernder Lebensumstände beibehalten.

Das zeigt, wie wertvoll diese Fähigkeit ist und welche positiven Konsequenzen sie für unser Leben haben kann. Aus diesem Grund lohnt es sich so sehr, nach mehr Achtsamkeit zu streben und auch die Kinder von klein auf dazu zu befähigen, Achtsamkeit zu erlernen und in ihr Leben zu integrieren!

Warum ist Achtsamkeit so bedeutsam für Kinder?

Schon Kinder sind heutzutage vielen Belastungen und Herausforderungen ausgesetzt. Bereits auf die Kleinen wirken immer mehr negative Stressbelastungen ein, und wenn kein Ausgleich stattfindet, kommt es zu gesundheitsgefährdenden Konsequenzen.

Der frühe Eintritt in die Kita, der Wechsel in eine neue Gruppe im Kindergarten, ein großer Berg an Hausaufgaben und das bereits in der Grundschule – all das sind frühe Belastungen, die für einen kleinen Menschen schnell zu groß werden können. Und mit fortschreitendem Lebensalter steigen die Herausforderungen immer weiter an – schulisch, familiär, gesellschaftlich, privat! Wenn Kinder da nicht befähigt werden, gut mit all diesen Belastungen umzugehen und die eigenen Kraftquellen zu entdecken, werden sie diesem Druck eines Tages nur noch schwer standhalten können. Sie fühlen sich dann als Kinder oder Jugendliche nicht mehr nur gefordert, sondern schlicht und ergreifend überfordert. Und eine solche Überforderung hat Folgen, sowohl für das seelische als auch für das körperliche Wohlbefinden!

Einige Kinder beginnen dann, schlechter zu schlafen: Sie haben entweder Probleme damit einzuschlafen oder durchzuschlafen. Sie wachen morgens nicht ausreichend erholt aus und starten nur mit halber Leistungsfähigkeit und verminderter Konzentration in den Tag. Das tägliche Energielevel sinkt, es kommt zu Hautausschlägen, organisch nicht erklärbaren Bauchbeschwerden und inneren Ängsten. Die Kinder kämpfen immer mehr gegen die eigenen Versagensängste an.

Die Lösung lautet hier: Achtsamkeit!

Mithilfe von Meditationen, Achtsamkeitsübungen und Fantasiereisen können Groß und Klein lernen, die eigenen Wünsche und Bedürfnisse besser wahrzunehmen. Somit kann eine ausgewogene innere Balance erreicht und die persönliche Last im Alltag gemindert werden. Das Positive daran ist, dass nur wenige Minuten pro Tag notwendig sind, um zu mehr Achtsamkeit zu gelangen. Es braucht lediglich ein wenig Zeit und eine gemütliche, wohltuende Umgebung.

Stress ist in der heutigen Zeit ein immens großes und bedeutendes Thema, doch er ist nicht zwangsläufig negativ! Stress ist nämlich zunächst eine ganz normale und natürliche Körperreaktion auf psychische und physische Belastungen. Schon unsere Vorfahren kannten Stress. Stressreaktionen waren und sind also auch heute noch überlebenswichtig. Stress diente unseren Urahnen dazu, den Körper in eine erhöhte Alarmbereitschaft zu versetzen und auf diese Weise ihr Überleben zu sichern. Bei Gefahren begann das Herz, schneller zu schlagen, und auch die Atemfrequenz beschleunigte sich. Die komplette Körpermuskulatur spannte sich an und die Pupillen weiteten sich. Gleichzeitig arbeiteten die Geschlechts- und die Verdauungsorgane langsamer.

Das präzise arbeitende Großhirn wurde ausgeschaltet und somit erfolgten die Reaktionen instinktiv und dadurch schneller! Der Mensch war somit „sprung-, kampf- und fluchtbereit". Stress entstand also in echten Gefahrensituationen und bereitete den Körper auf Flucht oder Kampf vor. Der Organismus läuft bei Stress auch heute noch auf Hochtouren und es kommt zur Ausschüttung von Stresshormonen.

Stress kann aber ebenfalls als positiv empfunden werden. Diese positive Stressform wird auch „Eustress" genannt. Dieser entsteht bei einer kurzfristigen Belastung und spornt uns zu Höchstleistungen an. Er ist wichtig für uns, denn wer keine Herausforderungen in seinem Leben kennt, der sieht auch keine Notwendigkeit darin, noch leistungsfähiger zu werden und sich stetig zu verbessern. Eustress fördert auf lange Sicht gesehen sogar die Gesundheit, denn er sorgt für mehr Vitalität und Ausgeglichenheit. Positiver Stress kann ebenfalls ein „Antriebsmotor" für die eigene Kreativität sein. Positive Stressbelastungen steigern die Leistungs- und die Konzentrationsfähigkeit. Sie fördern Schaffenskraft, Euphorie und Aufmerksamkeit! Sie sehen also, dass Stress eine nützliche Komponente haben kann.

Negativer Stress ist hingegen belastend und gesundheitsschädlich. In unserer heutigen Gesellschaft ist immer öfter von „Burnout" die Rede: Vom erfolgreichen Manager über den Studenten bis hin zum Schüler kann scheinbar jeder betroffen sein. Negativer Stress entsteht vor allem dann, wenn die eigenen Energieressourcen und die Zeitkapazitäten nicht mehr ausreichen, um die wichtigen Aufgaben im Alltag zu bewältigen. Man setzt sich selbst unerreichbare Maßstäbe, und das fördert den Stress nur noch mehr. Der Körper steht außerdem scheinbar ständig unter Spannung: Der Adrenalinspiegel und der Blutdruck sind über einen längeren Zeitraum hinweg konstant auf einem hohen Level. Die Leistungsfähigkeit sinkt und es fehlt einfach das Ventil, um den angestauten Druck abzulassen. Das kann im schlimmsten Fall zu Burnout oder sogar zu Panikattacken führen.

Sogar unsere Kinder sind heutzutage nicht mehr vor diversen Stressbelastungen geschützt. Es geht hier nicht darum, den Kleinen diese komplett zu ersparen, sondern vielmehr darum, sie von früh an zu befähigen, konstruktiv und sinnvoll damit umzugehen.

Denn Leistungsansprüche werden von Seiten der Eltern und der Lehrer an die Kinder herangetragen und viele Kinder sind sehr perfektionistisch in Bezug auf sich selbst. Das kann zu Stress führen, doch es muss ein positiver Stress bleiben. Solch ein Leistungsdruck – sei er von innen oder von außen – darf nicht so groß werden, dass die Kinder ihm nicht mehr gewachsen sind und diese Belastungen nicht mehr bewältigen können.

Doch nicht nur Herausforderungen und hohe Erwartungen können belastend für die Kleinen sein. Auch Langeweile kann zu innerer Unruhe, Nervosität und Stress führen: „Was soll ich mit all der freien Zeit bloß anfangen?" Auch hier setzt die Achtsamkeit an und unterstützt dabei, diese belastenden inneren Zustände aufzulösen. Achtsamkeit lehrt Kinder, sich selbst wichtig und ernst zu nehmen! Und das ist die Grundlage für einen schönen und gelingenden Alltag.

Übungen für mehr Achtsamkeit wirken sich bei Kindern auf unterschiedliche Weise sehr positiv aus. Das konnten sogar wissenschaftliche Studien belegen:

- bessere Impulskontrolle (vgl. Fischer et al. 2017 / Xue et al. 2019)
- erhöhte Konzentrationsfähigkeit
- besserer Umgang mit herausfordernden Lebenssituationen (vgl. Khoury et al. 2015 / vgl. Dunning et al. 2018)
- verbesserte Emotionswahrnehmung und Angstbewältigung
- erholsamerer Schlaf
- Resilienz und mehr innere Stärke (vgl. Zenner et al. 2014)
- mehr Wohlbefinden und Glücklichsein (vgl. Khoury et al. 2015)

Die Konsequenzen fehlender Achtsamkeit bei Kindern

Nicht allen Kindern und Jugendlichen fällt es leicht, sich zu entspannen. Dabei ist nicht immer auf den ersten Blick zu erkennen, ob eine innere Anspannung der Grund für so manches Verhalten ist, denn jedes Kind reagiert auf Druck und Stress mit anderen Symptomen.

Bei einem Kind kann sich ein solcher innerer Zustand durch Bauch- oder Kopfschmerzen äußern, bei einem anderen durch Appetitlosigkeit oder Lustlosigkeit im Alltag. Bei einigen Kindern können Stressbelastungen dazu führen, dass sie sogar depressiv werden. Die möglichen Konsequenzen fehlender Achtsamkeit sind also so vielseitig und breitgefächert wie die menschliche Seele. Es gibt nicht das „eine" Symptom, das auf alle in gleichem Maße zutrifft und anhand dessen sich der Stress erkennen lässt.

Bevor die Last zu groß wird und sich – innerlich oder äußerlich – manifestiert, kann Ihr Kind lernen, sich selbst gegenüber achtsamer zu sein. Auf diese Weise lernen Kinder, ihre eigenen Bedürfnisse und vor allem auch ihre eigenen Grenzen besser wahrzunehmen. Die individuelle Stressanfälligkeit sinkt.

Achtsamkeit ist sozusagen eine mentale Hygienemaßnahme. Sie lehrt uns, uns selbst ernst zu nehmen. Ein sehr bedeutsamer Aspekt ist dabei die Konzentration auf sich selbst, der Autofokus sozusagen. Es geht dabei wesentlich um die Sensibilisierung und die Wahrnehmung des eigenen Körpers.

Achtsamkeit zu leben, ja zu er-leben, ist für Kinder ein echtes Erfolgserlebnis. Wenn die Kleinen achtsam mit sich selbst umgehen – indem sie zum Beispiel Körper-, Entspannungs- oder Atemübungen machen –, merken sie selbst, wie sie sich immer wohler und vor allem ausgeglichener fühlen. Auf lange Sicht gesehen werden sie leistungsstärker, und zwar ohne negativen Stress oder Druck zu empfinden!

DIE VERSCHIEDENEN HALTUNGEN DER ACHTSAMKEIT

Die inneren Haltungen, die Sie in diesem Kapitel näher kennenlernen, sind das Herzstück der Achtsamkeitspraxis.

Viele Menschen glauben, achtsam zu sein, bedeutet „aufmerksam" zu sein, doch Achtsamkeit im Sinne des buddhistischen Ursprungs geht noch viel tiefer! Achtsamkeit ist viel mehr als nur eine kognitive Hirnfunktion. Sie ist der Ausdruck bestimmter Geistes- und Herzensqualitäten, innerer Haltungen also, die auf Mitgefühl und Weisheit basieren. Und genau diese Qualitäten, diese inneren Haltungen sind die Basis für ein glückliches und erfülltes Leben.

Achtsam durch das Leben zu gehen, bedeutet, die Haltungen der Achtsamkeit im Alltag zu leben.

Die Achtsamkeitspraxis ist groß in der Mode, doch um aus den vielen Vorteilen dieser Praxis zu schöpfen, ist es entscheidend, die Haltungen der Achtsamkeit zu verstehen. Denn nur wer diese im Alltag lebt, ist tatsächlich ein achtsamer Mensch.

DIE GEISTIGEN HALTUNGEN DER ACHTSAMKEIT

Bei der Praktizierung der Achtsamkeit nutzen wir unsere Fähigkeit der Aufmerksamkeitslenkung, um die inneren geistigen Qualitäten zu entdecken, sie fortzuentwickeln und zu nähren. So wird es uns immer besser gelingen, die inneren Haltungen der Achtsamkeit im Alltag wirksamer werden zu lassen.

Jon Kabat-Zinn, ein emeritierter Professor an der University of Massachusetts Medical School in Worcester, gilt als der „Vater der modernen Achtsamkeitspraxis". Er unterrichtet Meditationen für mehr Achtsamkeit, um Menschen dadurch zu befähigen, besser mit Angst, Erkrankungen und Stressbelastungen umzugehen. Seine Beiträge sind bedeutend für das heutige Gesundheitswesen. Den ursprünglich sieben geistigen Qualitäten der Achtsamkeit fügte Jon Kabat-Zinn noch zwei weitere hinzu, nämlich die Dankbarkeit und die Großzügigkeit. Somit ergeben sich folgende neun Achtsamkeitshaltungen:

1. *Anfängergeist – „Beginner's mind"*

    Wir Menschen sind oft gar nicht in der Lage, uns unvoreingenommen auf etwas einzulassen, also etwas so zu erleben, als würden wir es das erste Mal sehen. Das Gehirn prüft bei allem, was uns im Alltag so begegnet, ob es bereits bekannt ist. Sobald es Parallelen zu finden glaubt, werden frühere Erfahrungen und Erlebnisse auf die aktuelle Lebenssituation projiziert und wir handeln so, wie wir es bislang auch schon gemacht haben. Doch das führt uns zugleich immer wieder zu denselben Resultaten. Damit berauben wir uns selbst der Möglichkeit, neue Erfahrungen zu machen und unseren Handlungsspielraum entsprechend zu erweitern.

Albert Einstein sagte einmal: „Die Definition von Wahnsinn ist, immer wieder das Gleiche zu tun und andere Ergebnisse zu erwarten."

Doch es geht auch anders! Wir können durchaus auf gegenwärtige Augenblicke offen, neugierig und unvoreingenommen zugehen, und genau das meint der Anfängergeist der Achtsamkeit. Im Modus des Anfängergeistes sind wir frei von jeglichen Erwartungen. Wir lassen uns unvoreingenommen und urteilsfrei auf andere Menschen, Situationen und Dinge ein. Bewertungen und Vorurteile fallen also weg.

Stellen Sie sich für einen kurzen Moment vor, dass um Sie herum fünf verschiedene Menschen stehen, die alle unterschiedliche Erwartungen an Sie herantragen bezüglich dessen, wie Sie sein sollten. Wie fühlen Sie sich? Es dürfte kein sehr angenehmes Empfinden sein. Genauso geht es Kindern, wenn Eltern immer wieder – bewusst oder auch unbewusst – alle möglichen Erwartungen auf sie projizieren. Das engt die Kinder ein und hindert sie letztlich daran, sich frei, glücklich und unbeschwert zu entwickeln.

Begegnen Sie Ihrem Kind Tag für Tag mit dem Anfängergeist. Dann schaffen Sie eine solide Grundlage für mehr Freiraum, Luft zum Atmen und Freiheit für Ihren kleinen Liebling! Ermöglichen Sie Ihrem Kind, ganz es selbst zu sein, denn das ist das größte und wertvollste Geschenk, das Sie ihm machen können.

> „Im Geist des Anfängers gibt es viele Möglichkeiten.
> Im Geist des Experten gibt es nur wenige."
>
> Shunryu Suzuki, Zen-Meister

2. Nicht-Urteilen – „Non-judging"

Hierbei geht es darum, die Haltung eines unparteiischen Beobachters einzunehmen, also etwas mit einem gewissen gesunden Abstand wahrzunehmen.

Den lieben langen Tag neigen wir dazu, alles, was uns begegnet, zu bewerten, zu kategorisieren und in Schubladen einzusortieren. Wir klassifizieren alles nach „gut oder schlecht", „angenehm oder unangenehm" etc. „Gibt es eine Schublade für das, was wir gerade erleben? Sehr gut, dann rein damit!" – das ist oft unser Mindset! Wir reagieren also häufig automatisch und unbewusst. Wir haben letztlich über alles eine bestimmte Meinung, gewisse (Vor-)Urteile und Ansichten und diese kann und möchte das Gehirn auch nicht so schnell aufgeben.

Bei dieser Haltung der Achtsamkeit geht es darum, diese unbewusste Etikettierung zu beenden und den Autopiloten abzustellen. Mit der Zeit und konsequenter

Achtsamkeitsübung wird es Ihnen immer besser gelingen, dieses innere Urteilen aufzugeben, und somit vergrößert sich auch der eigene Handlungsspielraum immens. Wir müssen nicht urteilen, nicht beurteilen, sondern können uns wertfrei auf das, was uns begegnet, einlassen.

> „Achte auf Deine Gedanken, denn sie sind der Beginn Deiner Taten"
>
> Buddha

Wenn Ihr Kind zum Beispiel einmal einen Schulfreund nach Hause bringt, den Sie nicht so mögen, weil er anderen Menschen nicht „Guten Tag" sagt, dann versuchen Sie, die Haltung des Nicht-Urteilens einzunehmen. Machen Sie sich bewusst, dass Sie diesem Schulfreund gegenüber keinen Erziehungsauftrag haben. Wessen Lebensqualität verschlechtert sich, weil das Kind nicht grüßt? Vielleicht gelingt es Ihnen sogar, dem Kind Wertschätzung zu vermitteln und sich darüber zu freuen, dass die Kinder offenbar gerne miteinander spielen. Eine wertfreie Begegnung verändert nicht nur uns selbst, sondern häufig auch unser Umfeld.

3. Akzeptanz – „Acceptance"

Akzeptieren bedeutet das anzunehmen, was ist und wie es ist. Eine Situation, ein Mensch oder ein Sachverhalt kann einfach so hin- und angenommen werden. Indem wir Widerstände gegen Dinge aufbringen, die wir ohnehin nicht beeinflussen oder verändern können, vergrößern wir das Problem häufig nur. Gewöhnen Sie sich gerne das Mantra an: „Es ist, wie es ist."

Das bedeutet keinesfalls, dass wir gutheißen müssen, was uns da gerade begegnet. Nein, es ist vielmehr die bewusste Entscheidung, das Geschehene zu akzeptieren und nicht mit unnötigen Gedanken oder Emotionen noch weiter (sinnlos) anzuheizen.

Wenn wir eine Situation so anerkennen, wie sie ist, dann schaffen wir auf diese Weise auch eine gewisse Distanz. Aus dieser gesunden Entfernung können wir dann in Ruhe und mit mehr Weisheit überlegen, wie wir mit der entsprechenden Situation umgehen möchten. Das sorgt für mehr innere Kraft, Sie werden sehen!

Sagen Sie also einfach erst einmal Ja zu allem, was ist, und beenden Sie Ihre eigenen inneren Kämpfe, die Ihnen häufig das Leben unnötig schwermachen. Vergessen Sie nicht: Nur weil Sie etwas annehmen, resignieren Sie nicht! Doch Sie geben sich selbst die Chance, in der jeweiligen Situation anzukommen und aus dieser Haltung heraus dann eine zielführende Problemlösung zu finden.

„Du kannst die Wellen nicht stoppen, aber Du kannst lernen zu surfen!"

Jon Kabat-Zinn

---

4. Nicht-Streben – „Non-striving"

In dieser Haltung der Achtsamkeit begegnen wir scheinbar einem Widerspruch, denn dieser Aspekt fordert uns irgendwie auf, „ziellos" zu einem bestimmten Ziel zu schreiten. So beschreibt es auch die bekannte Achtsamkeitslehrerin Doris Kirch.

Wenn wir zum Beispiel erkältet sind, dann möchten wir verständlicherweise so schnell wie möglich wieder gesund werden. Indem wir aber das Kranksein (unnötigerweise) ablehnen und jammern, überhören wir die leise innere Stimme, die uns genau sagt, was wir jetzt zum Gesundwerden brauchen. Wenn wir hingegen im gegenwärtigen Augenblick verweilen und die momentanen Bedürfnisse achtsam wahrnehmen, dann fördern wir dadurch unsere Genesung.

Wer immer wieder nach fernen Zielen strebt, der verpasst den aktuellen Moment – das Hier und Jetzt! Bei dieser Achtsamkeitshaltung geht es also darum, unabhängig von irgendwelchen Zielen oder persönlichen Absichten im gegenwärtigen Moment präsent zu sein.

Bitte verstehen Sie das nicht falsch: Es geht nicht darum, keine Ziele im Leben zu haben. Im Gegenteil, Ziele sind ungemein wichtig für unsere innere Reife und unser persönliches Wachstum. Doch die Haltung des Nicht-Strebens schützt uns davor, dass unser ganzes Leben eine unruhige Hast wird. Wir werden vor einer ungesunden

Rast- und Ruhelosigkeit bewahrt. Stattdessen können wir das Leben dort genießen, wo es gerade stattfindet.

> *„Vergangenheit ist Geschichte, Zukunft ist ein Geheimnis und jeder Augenblick ein Geschenk!"*
>
> *Ina Deter*

Diese Achtsamkeitshaltung ist vor allem für Eltern wichtig. Natürlich wünschen sich alle Mütter und Väter für ihre Kinder nur das Allerbeste und ein glückliches Leben.

Doch wie ist es, wenn wir jetzt davon ausgehen, dass für Sie ein glückliches Leben nur mit einem guten Hochschulabschluss erreicht werden kann? In einem solchen Fall wird Ihr Blick starr auf die Zukunft gerichtet sein und der Leistungsdruck für Ihr Kind wird enorm sein. Vielleicht fokussieren Sie sich so sehr auf dieses Ziel, dass Sie sogar damit beginnen, Ihr Kind in der vierten Klasse zu Nachhilfestunden zu verpflichten, damit es bloß den Eintritt ins Gymnasium schafft.

Sie laufen dann allerdings Gefahr, das Gegenwärtige aus dem Fokus zu verlieren. Dabei ist es bei aller Zielorientierung so essenziell, niemals zu vergessen, dass ein Kind ein Kind ist. Es will spielen und es braucht dringend Freiräume, um sich glücklich und gesund entwickeln zu können.

Wenn es Ihnen als Eltern nun aber gelingt, die Haltung des Nicht-Strebens einzunehmen, dann werden sich andere Fragestellungen in Ihnen auftun wie zum Beispiel:

- Ist das Gymnasium überhaupt das Richtige für mein Kind?
- Will mein Kind jetzt überhaupt diesen Weg einschlagen?
- Wie kann ich mein Kind bestmöglich begleiten, stärken und befähigen?

Sehr viele Eltern sagen rückblickend, dass sie gerne mehr Zeit mit ihren Kindern verbracht hätten. Diese Achtsamkeitshaltung ermöglicht genau das, denn gemeinsame Zeit ist wesentlich kostbarer als das Hochklettern der Karriereleiter.

Erfreuen Sie sich an einer Blume und ärgern Sie sich nicht darüber, dass sie nicht schneller aufblüht. Genauso ist es mit Ihrem Kind: Erfreuen Sie sich an Ihrem kleinen Schatz und vertrauen Sie darauf, dass sich die Dinge exakt in dem Tempo entfalten werden, wie es gut ist. Genießen Sie jeden Schritt, jeden Tag und jede Stunde!

KINDER BRAUCHEN ELTERN, DIE SIE SO WAHRNEHMEN, WIE SIE MOMENTAN SIND. PROBLEMATISCH WIRD ES VOR ALLEM DANN, WENN DER BLICKWINKEL DER ELTERN PERMANENT IN DIE ZUKUNFT SCHWEIFT.

---

5. Loslassen – „Letting go"

Jon Kabat-Zinn sagte einmal: „Loslassen bedeutet, sich ganz bewusst dem Strom des gegenwärtigen Augenblicks hinzugeben und damit aufzuhören, Dinge erzwingen zu wollen, Widerstand zu leisten oder für etwas hart zu kämpfen."

Loslassen bedeutet aber nicht, etwas wegzuwerfen. Wie gesagt entwickelt jeder Mensch im Laufe seines Lebens bestimmte Ansichten, Verhaltensweisen und Denkmuster, die sich im Alltag bewährt haben. Doch wenn wir diese ständig wiederholen, entwickelt sich ein gewisser Automatismus, der bei bestimmten Reizen dann immer wieder anspringt. Solche inneren Muster wirken jedoch wie eine verschmutzte Brille: Sie trüben unsere klare Sicht auf die Realität!

In der Achtsamkeitshaltung des Loslassens geben wir das aber alles zunächst einmal auf, nämlich zugunsten von etwas, das bereichernder und gesünder ist. Loslassen ist so ähnlich, wie die eigene Hand zu öffnen, um etwas freizugeben, das man bislang festgehalten hat.

In der Haltung des Loslassens erfahren wir unsere eigene Freiheit. Wir halten nicht mehr verkrampft an Denkmustern oder Handlungsabfolgen fest. Wir sind nicht mehr ängstlich in verschiedenen Strukturen gefangen, sondern können diese klug in Frage stellen. Auf diese Weise wird unser Geist vollkommen frei für neue, wertvolle Erfahrungen.

> *„Das Glück Deines Lebens hängt von der Beschaffenheit Deiner Gedanken ab."*
>
> Marc Aurel

Wer könnte mehr von diesem Thema des Loslassens betroffen sein als Eltern? Es liegt natürlich in unserer Natur, dass man als Mutter und Vater die eigenen Kinder einmal loslassen muss. Eines Tages sind die Kleinen groß, gehen eigene Wege und treffen ihre ganz eigenen Entscheidungen. Doch eigene Wege gehen sie schon früher, nämlich im Grunde von Geburt an.

Mütter beschreiben oft ein „Gefühl der Leere", wenn das Baby nach neun Monaten den Schutz des eigenen Körpers verlässt und das Licht der Welt erblickt. Und alle Väter und Mütter kennen wohl das Gefühl im Bauch, wenn die eigenen Kinder in die Grundschule kommen und somit ein ganz neuer Lebensabschnitt beginnt.

Immer wieder werden Eltern mit dem konkreten Akt des Loslassens im Familien- und Erziehungsalltag konfrontiert. Doch diese Haltung des Loslassens lässt sich in der Achtsamkeitspraxis sehr gut einüben. Das bietet Ihnen dann die Möglichkeit, einen freien, unbelasteten Raum für die Kinder zu schaffen und letztlich einen entspannten Umgang miteinander zu ermöglichen.

Wenn es Ihnen gelingt, diese Haltung einzuüben, dann können Sie auch eigene Ängste loslassen, wenn der kleine Liebling die Grenzen dieser Welt erforscht.

Sie dürfen ebenfalls Pläne für das Kind loslassen, um ihm mehr Raum und Freiheit für die eigene Entwicklung einzuräumen. Genauso dürfen Sie sich von festgefahrenen Ansichten und Denkmustern verabschieden, mit wem Ihr Kind befreundet sein sollte und mit wem nicht. Sie dürfen den eigenen Wunsch loslassen, dass Ihr Kind Dinge leben muss, die man selbst nicht leben konnte oder durfte.

In der Achtsamkeitshaltung des Loslassens können Sie außerdem Ihren Stolz loslassen und sich selbst verzeihen, wenn Sie Ihrem Kind gegenüber mal ungerecht waren. Wir können uns vom Rechthabenwollen verabschieden und die Einzigartigkeit jedes Menschen dankbar annehmen.

In der Haltung des Loslassens lassen wir ebenfalls unser Ego los, wenn uns das eigene Kind zum Beispiel mal kritisieren sollte oder auf Distanz zu uns geht.

6. *Geduld – „Patience"*

Bestimmt kennen Sie das Sprichwort: „In der Ruhe liegt die Kraft."

Eine geduldige und innerlich gelassene Haltung bedeutet, dass man weiß, dass alles im Leben seine Zeit hat. Es entfaltet sich dann, wenn der richtige Moment dafür gekommen ist.

In unserer täglichen Achtsamkeitspraxis können und sollen wir uns in Gelassenheit üben und nicht auf jeden Reiz unserer Umwelt „anspringen". Es geht darum, sich auf die großen und die kleinen Dinge zu besinnen und allem seine Zeit zu gewähren.

Geduld zu haben, bedeutet ebenfalls einzusehen, dass man am Gras nicht ziehen kann, damit es schneller wächst. Es entwickelt sich alles genau in dem Tempo, das gut ist. Wenn es uns gelingt, eine geduldige und gelassene innere Haltung einzunehmen, dann sorgen wir damit für mehr innere Balance, Ruhe und Zufriedenheit.

Eltern brauchen viel Geduld im Familien- und Erziehungsalltag, insbesondere mit kleinen Kindern, aber auch mit Teenagern in der Pubertät. Am meisten Geduld ist aber gefragt, wenn es um die individuelle Entwicklung der Kinder geht, und hier scheint ein richtiger Wettstreit unter Eltern auszubrechen: Wessen Kind konnte als Erstes krabbeln? Wessen Kind kann schon schreiben, bevor die Schule losgeht?

Hier ist es ungemein wichtig, es einfach sein zu lassen!

Eltern sollten geduldig mit den eigenen Kindern umgehen und ihnen die Zeit lassen, die sie brauchen, um sich in ihrem Tempo zu entwickeln. Schauen Sie auf das, was gelingt und gut ist, schauen Sie auf die Gesundheit Ihrer Kinder. Und wie die Großmütter oft schon sagten: Der Rest kommt „zu seiner Zeit".

Seien Sie unbedingt geduldig mit Kindern, die sich nicht so rasch entwickeln wie ihre Gleichaltrigen. Einige Kinder brauchen einfach ein wenig mehr Zeit, um Dinge zu erlernen oder zum ersten Mal auszuprobieren. Kultivieren Sie die Elternqualität der Gelassenheit und der Geduld durch die Achtsamkeitspraxis – Tag für Tag.

> „Denke immer daran, dass es nur eine einzige wichtige Zeit gibt – Heute! Hier! Jetzt!"
>
> Leo Tolstoi

7. Vertrauen – „Trust"

Einige Menschen sind so stark von der Meinung und dem Zuspruch anderer abhängig, dass sie irgendwann verlernt haben, auf die eigene innere Stimme zu hören. Dabei wäre das so wichtig, denn die innere Stimme sagt uns, was gut für uns ist und was wir als Nächstes in der ein oder anderen Situation tun sollen. Unsere innere Stimme stärkt das Vertrauen zu uns selbst und lässt uns fühlen, welche Menschen im Leben eine wertvolle Stütze für uns sein können und welche nicht.

Es ist entscheidend, durch die Achtsamkeitspraxis die Haltung des Vertrauens immer mehr zu stärken, damit wir uns nicht blind an den Meinungen und Urteilen der anderen orientieren. Es geht im Kern darum, die eigene innere Weisheit immer mehr zu vertiefen. Wenn wir uns selbst vertrauen, dann sind wir auch in der Lage, anderen

Menschen tatsächlich zu vertrauen! Das Gegenteil von Vertrauen sind Misstrauen und Kontrolle. Doch Vertrauen ist zutiefst mit der Fähigkeit der Liebe verbunden, während Kontrolle mit Angst zusammenhängt.

> *„Wenn wir nicht ganz wir selbst sind, wahrhaft im gegenwärtigen Augenblick, verpassen wir alles."*
>
> Thich Nhat Hanh

Für Eltern spielt Vertrauen gleich in doppelter Art und Weise eine zentrale Rolle:

- Lernen Sie, sich selbst zu vertrauen, in Ihrer Aufgabe als Mutter oder Vater. Das bedeutet ebenfalls, in den verschiedenen Entwicklungsphasen Ihres Kindes zutiefst auf die eigene Intuition zu vertrauen.
- Sprechen Sie Ihrem Kind Ihr Vertrauen aus! Zeigen Sie Ihrem kleinen Schatz, dass Sie ihm vertrauen, und übertragen Sie ihm altersgerechte Verantwortlichkeiten. Auf diese Weise verhelfen Sie dem Kind zu einem gesunden Selbstwertgefühl und einem idealen Selbstbewusstsein.

Vertrauen ist die Grundlage, die ein Kind braucht, damit es sich selbst verschiedene Dinge zumuten kann. Vertrauen braucht ein Kind aber auch, damit es eigene Fehler und Misserfolge annehmen kann, und das ist unverzichtbar wichtig für ein erfülltes, glückliches Leben.

8. Dankbarkeit – „Gratitude"

Dankbare Menschen lassen sich nicht erfüllen von Emotionen wie Neid, Eifersucht, Hass oder Wut! Es geht hierbei nicht darum, dass die Dankbarkeit ein Lippenbekenntnis sein soll oder eine bedeutungslose Floskel. Vielmehr bedeutet es, alles, was man im eigenen Leben hat, in aufrichtiger Dankbarkeit aufzunehmen und wertzuschätzen.

Dankbarkeit öffnet uns den Blick für die Fülle anstatt für Mangelzustände. Wir fühlen uns dankbar für das, was wir haben, und wir sehen, wie gut das Leben doch zu uns ist. Es ist unmöglich, gleichzeitig dankbar und gestresst oder dankbar und depressiv zu sein!

Der „Achtsamkeitsvater" Jon Kabat-Zinn sagte einmal: „Menschen, die Dankbarkeitstagebücher führen, bewegen sich mehr, leiden unter weniger gesundheitlichen Beschwerden und freuen sich täglich über ein optimistisches und gutes Lebensgefühl."

Die Förderung dieser Achtsamkeitshaltung führt uns zu mehr Entschlossenheit, mehr Aufmerksamkeit, Energie, Wachsamkeit und Enthusiasmus. Sogar die Schlafqualität verbessert sich, wenn wir lernen, als dankbare Menschen durch den Alltag zu gehen. Dankbarkeit bereichert unser eigenes Leben und vor allem auch das unserer Umwelt. Denn wir werden jeden Tag zu einem noch freundlicheren, gütigeren, warmherzigeren und fürsorglicheren Menschen!

„NICHT DIE GLÜCKLICHEN SIND DANKBAR. ES SIND DIE DANKBAREN, DIE GLÜCKLICH SIND!"

FRANCIS BACON

Wenn sich Eltern um mehr Dankbarkeit im Alltag bemühen, dann fällt es ihnen leichter, Zeiten gelassener durchzustehen, in denen der Wind mal kräftiger also sonst pfeift. Regelmäßig kultivierte Dankbarkeit trägt uns nämlich durch schwere Zeiten.

Im Eltern-Kind-Alltag ist eine dankbare Haltung sehr bedeutsam, denn sie ermöglicht ein entspanntes und schönes Miteinander. Gleichzeitig hilft sie den Kindern, zu dankbaren Menschen heranzuwachsen: Sie lernen, die Fülle zu entdecken, die um sie herum ist. Und sie lernen, sich über die kleinen Dinge zu freuen und sich von diesen auch innerlich berühren zu lassen.

Sie dürfen darauf vertrauen, dass Ihr Kind Wege finden wird, seine eigene Dankbarkeit im Alltag zum Ausdruck zu bringen.

9. Großzügigkeit – „Generosity"

Großzügigkeit meint das natürliche Bedürfnis, zum Glück anderer Menschen beizutragen. Ein Sprichwort sagt, dass sich unser eigenes Glück vermehrt, wenn wir zum Glück unserer Mitmenschen beitragen.

Wir sollten diese Achtsamkeitshaltung aber nicht kultivieren, um selbst besser vor anderen dazustehen. Genauso wie Dankbarkeit ist auch die Qualität der Großzügigkeit bedingungslos. Es geht um die freie Haltung und die Bereitschaft, zum Wohl anderer beizutragen.

Diese Achtsamkeitshaltung bedeutet aber auch, sich selbst gegenüber eine großzügige Einstellung zu haben und sich nicht auf ungesunde Art selbst aufzugeben. Es ist essenziell, gut für sich und seine eigenen Bedürfnisse zu sorgen.

> *„Willst Du glücklich sein im Leben, trage bei zu anderer Glück, denn die Freude, die wir geben, kehrt ins eigene Herz zurück."*
>
> Johann Wolfgang von Goethe

Sie können als Mutter oder Vater wählen, aus welcher inneren Haltung heraus Sie Ihre Kinder aufwachsen lassen möchten. Was möchten Sie Ihren Kindern jeden Tag vorleben? Was leben Sie Ihren Kindern Ihrer Meinung nach konkret vor? Wird in Ihrer Familie mehr über Mangelzustände geredet oder mehr über die Fülle des Lebens? Welche Rolle spielt Geld? Darf Ihr Kind immer spontan Freunde zum Essen mitbringen? Sind Sie stets bereit, mit anderen zu teilen? Welchen Stellenwert hat Großzügigkeit für Sie und wie äußert sich diese Qualität?

> *„Achtsamkeit bedeutet, behutsam sein mit sich selbst und allen Geschöpfen dieser Erde."*
>
> Roswitha Bloch

Die Schulung dieser Achtsamkeitshaltungen fängt immer bei Ihnen selbst an. Sie können Kindern beispielsweise nicht vermitteln, geduldig oder vertrauensvoll mit sich und anderen umzugehen, wenn Sie diese Haltung bei sich selbst noch nicht kultiviert haben. Ihre Kinder können nur schwer ein dankbares und erfülltes Leben führen, wenn sie Sie zu Hause eher als negativ eingestellt erleben.

Kinder lernen durch Nachahmung, und so liegt es an uns Eltern, einen Funken zu entzünden und unsere Kinder für die wertvollen Achtsamkeitshaltungen im Leben zu begeistern.

Gelebte Achtsamkeit im Familienalltag - wie gelingt die Umsetzung?

Hand aufs Herz: Haben Sie sich heute schon über Ihre Kinder geärgert? Im Familienalltag geht es oft turbulent her und manchmal liegen die Nerven ehrlicherweise einfach blank. Dieses Gefühl kennt jede Mutter und jeder Vater!

Achtsamkeit kann hier wahre Wunder wirken und Ärger fast wie von Zauberhand wegpusten. Die Achtsamkeit bringt Entschleunigung in Ihren Familienalltag, sorgt für ein besseres, gelasseneres Miteinander und macht somit die Erziehung deutlich unkomplizierter.

Gelebte Achtsamkeit in der Familie verhilft allen Familienmitgliedern zu mehr Gelassenheit, innerer Balance, Lebensfreude und Selbstvertrauen. Das sind ja im Grunde alles Dinge, die sich die allermeisten Eltern wünschen. Das Geheimnis der Achtsamkeit in der Familie ist, dass man die Dinge, die um einen herum tagtäglich geschehen, mit ungeteilter und ruhiger Aufmerksamkeit wahrnimmt – ohne sie zu beurteilen. Mit ein wenig Geduld und Übung kann die Achtsamkeit für Groß und Klein zu einem eigenen Lebensstil werden und aus vielen Situationen den Stress sowie den Druck herausnehmen. Wer in der Lage ist, sich in herausfordernden und stressigen Situationen innerlich zu wappnen sowie im Hier und Jetzt zu leben, der wird leichter mit den Schwierigkeiten des Lebens umgehen können.

Ein nörgelnder Nachbar, der tobende Vorgesetzte, das schreiende Kind – im Alltag kommt es immer wieder darauf an, dass wir durch bestimmte Emotionen und Herausforderungen nicht „hochkochen", sondern die Dinge erstmal einfach hinnehmen, wie sie sind. Es fördert das Wohlbefinden enorm, wenn wir nicht ständig versuchen, die Dinge zu bewerten oder Dinge verändern zu wollen, auf die wir ohnehin keinen Einfluss haben.

Viel wichtiger ist es, die kleinen Dinge des Lebens zu bemerken und zu genießen: Erfreuen Sie sich am Duft einer schönen Blume, am strahlenden Sonnenschein, den zwitschernden Vögeln oder dem herzerfrischenden Lachen Ihres Kindes! Wissenschaftliche Studien haben gezeigt, dass die positiven Eigenschaften achtsamer Erwachsener sich auf ihre Kinder übertragen. Eine großartige Nachricht, nicht wahr? Wenn Kinder mit ihren Eltern ein gutes Vorbild zu Hause haben, dann lernen sie, auf gesunde Weise mit ihren Gedanken und Emotionen umzugehen – ohne sie zu unterdrücken.

Bitte versuchen Sie, die Achtsamkeit mit einer großen Portion Aufrichtigkeit zu leben. Sie sollten Ihren Kindern also keine Achtsamkeitsübungen abverlangen, damit diese dann bessere Noten nach Hause bringen. Es ist unerlässlich, die Achtsamkeit und die positiven Wirkungen dieser inneren

Haltung im Leben zu verstehen. Übertragen Sie mit der Kraft Ihrer inneren Einstellung Gelassenheit auf Ihre Kinder, ohne irgendeine Optimierung der Kleinen im Sinn zu haben.

Achtsamkeit ist ein großes Geschenk für die Kinder. Wenn es Eltern zu Hause gelingt, diese wirklich vorzuleben und den Kindern von klein auf zu vermitteln, dann machen sie ihnen damit ein unbezahlbares Geschenk für das ganze weitere Leben.

Wie geht es meinem Kind, wenn es mal wütend ist?
Wie fühlt es sich in einer bestimmten Situation?
Wie kann ich meinem Kind helfen, anstatt sein Verhalten zu verurteilen oder gar zu bestrafen?

Das sind die Fragen, die Kinder wirklich weiterbringen, anstatt ein wütendes „Jetzt reiß Dich doch bitte endlich zusammen!".

Leider neigen wir Menschen genetisch bedingt dazu, immer nach dem Negativen Ausschau zu halten. So ist auch die erste Reaktion auf Herausforderungen im Allgemeinen meistens eine Abwehr! Dass wir Menschen also eher auf das fokussiert sind, was nicht so rund läuft, ist evolutionsbedingt: Unsere Vorfahren mussten damals ihre Aufmerksamkeit zuerst auf drohende Gefahren richten. Sie mussten auf der Hut sein, um überhaupt überleben zu können. Bis heute suchen wir nach Dingen, die „falsch" sind, die uns unstimmig vorkommen oder sich für uns nicht gut anfühlen. Aus diesem Grund bleiben negative Lebenserfahrungen besser in unserer Erinnerung haften als glückliche Momente. Die negativen Erlebnisse dienen uns sozusagen als Schutz, damit uns etwas Schlimmes nicht noch einmal passiert.

Natürlich ist der heutige Lebensalltag nicht mehr so gefährlich wie das Leben früher. Doch das rasende Tempo des hektischen Alltags hindert uns daran, dass wir uns ausreichend Zeit für die Erlebnisse gönnen, die nicht zur Kategorie „Gefahrenabwehr" gehören.

Genau hier müssen Mütter und Väter jedoch umdenken, wenn sie ein besseres Familienklima möchten. Wir müssen zunächst einmal bewusst die negativen Gedanken in unserem Kopf angehen, um unseren Kindern gegenüber nicht unfair zu werden. Wir müssen lernen auszublenden, was uns nicht guttut, denn nur so werden wir letztlich zufriedener sein.

Sie kennen das bestimmt von sich selbst: Wenn alles rundherum passt, wenn wir also nicht müde, gestresst, hungrig oder schlecht drauf sind, dann können wir auch auf Stressbelastungen deutlich gelassener reagieren. Wir können dann auch mal mit einem Lächeln darüber hinwegsehen, wenn das Kind mal wieder trotzig reagiert oder sich mal nicht so wie erwartet benimmt.

Kinder sind im Übrigen wahre Achtsamkeitskünstler! Sie können mitten im Hier und Jetzt innehalten und sich auf etwas konzentrieren, dass sie zutiefst erfüllt – und sei es nur eine Pfütze oder ein Stein am Wegesrand.

Je seltener sie das aber ausleben dürfen – weil zum Beispiel den Eltern die Zeit oder das Verständnis dazu fehlt –, desto schneller werden sie schlecht gelaunt, unglücklich und unzufrieden.

Obwohl negative Gedanken immer wieder mal den Erziehungsalltag bestimmen: Das lässt sich verändern! Es ist zunächst maßgeblich, sich dessen bewusst zu werden! Die meisten Eltern wünschen sich ein gutes Miteinander und ein harmonisches Zuhause, in dem nicht permanent diskutiert oder gestritten wird.

Wissenschaftliche Studien haben gezeigt, dass sich genau das mit Achtsamkeit erreichen lässt. Probieren Sie es doch gleich einmal aus!

Tipps: So sorgen Sie für eine Extraportion Achtsamkeit im Familienalltag

- **Nehmen Sie die kleinen Augenblicke im Alltag als etwas Großes wahr!**

    Es muss nicht immer der runde Geburtstag, das Oster- oder das Weihnachtsfest sein: Große und unvergessliche Emotionen lassen sich ebenso in „kleinen" Momenten erleben. Schauen Sie sich im Sommer voller Staunen den Sternenhimmel an, singen Sie gemeinsam mit Ihrem Kind ein besonders emotionales Lied oder blättern Sie zusammen im Fotoalbum.
    Spüren Sie Ihre Gefühle und sprechen Sie mit Ihrem Kind darüber!

- **Kommunizieren Sie ohne Befehle und Kommandos!**

    Im hektischen Alltag sprechen Eltern mit ihren Kindern viel zwischen Tür und Angel. Achten Sie jedoch bitte darauf, dass diese Kommunikation nicht nur aus

Kommandos besteht. Nehmen Sie sich regelmäßig bewusst Zeit für Ihr Kind und hören Sie ihm zu, wenn es beispielsweise etwas zu erzählen hat.

- **Versetzen Sie sich in den jeweils anderen hinein!**

Warum räumst Du das Zimmer nicht auf, obwohl ich es Dir schon viermal gesagt habe? Bevor Sie sich über das Kind ärgern und mit ihm schimpfen, sollten Sie versuchen, sich in das Kind hineinzuversetzen. Vielleicht es gerade am Spielen und dabei so zufrieden, dass das Aufräumen einfach auf einen späteren Zeitpunkt verschoben wurde. Wer seine Mitmenschen besser zu verstehen versucht, kann wesentlich gelassener mit ihnen umgehen – und das schafft ein harmonisches und gelungenes Miteinander.

- **Nehmen Sie sich Zeit für die Körperhygiene!**

Die Zeit drängt, die Kinder müssen ins Bett – da neigen viele Eltern in der Eile dazu, die Körperpflege rasch über die Bühne zu bringen. Doch das muss nicht sein. Gerade die Körperpflege ist eine ausgezeichnete Gelegenheit für Achtsamkeitsübungen.
Ermutigen Sie Ihr Kind, die Augen zu schließen und den Duft der Seife zu „erschnuppern" oder das angenehme Gefühl beim Eincremen zu spüren.

- **Verbringen Sie gemeinsam Zeit in der Natur!**

Die meisten Kinder können sich nicht allzu sehr für Spaziergänge begeistern, doch das können Sie ändern. Machen Sie aus dem Ausflug in die Natur einfach ein kleines Abenteuer: Laden Sie das Kind ein, einen Käfer am Wegesrand zu beobachten, schön aussehende Steine zu sammeln oder dem Rascheln der Blätter mit geschlossenen Augen zu lauschen. All das sorgt für eine Ausschüttung von Glückshormonen und mehr Achtsamkeit im Alltag. Das wirkt sich positiv auf die Emotionen und die Stimmungslage aus.

- **Reflektieren Sie gemeinsam!**

Gönnen Sie sich mit Ihrem Kind eine kleine Auszeit im Alltag und kuscheln Sie sich zum Beispiel auf das Sofa. Überlegen Sie einmal: Was hat Sie heute von Herzen gefreut? Wofür sind Sie dankbar? Was hat Sie heute erstaunt? Was hat Sie heute zum Lachen gebracht?
Kommen Sie mit Ihrem kleinen Schatz ins Gespräch und lenken Sie den Blick auf das Positive.

Das ist im Übrigen eine ausgezeichnete Beschäftigung vor dem Schlafengehen. Ein gemeinsames Gespräch darüber, was erfreulich war und schön verlaufen ist, lenkt die Sicht auf das Gute und rückt das Negative in den Hintergrund: Das ist etwas, das Groß und Klein glücklich, achtsam und zufrieden macht.

- **Pflegen Sie die Qualität der Dankbarkeit!**

Erziehung zu mehr Dankbarkeit bedeutet nicht, dass man den eigenen Kindern beibringt, brav „danke" zu sagen. Vielmehr geht es darum, sie auf die besonderen Augenblicke hinzuweisen: auf den herrlichen Duft eines Pfirsichs, auf das Glück, über etwas lachen zu können, oder auf die Schönheit eines blühenden Baums. Wer für die kleinen und die großen Augenblicke des Alltags dankbar ist, der empfindet im Leben mehr Freude und bleibt nicht nur achtsamer, sondern auch gesünder.

- **Sagen Sie Nein zu Perfektionismus!**

Stecken Sie sich keine zu hohen Ziele und orientieren Sie sich nicht an unerreichbaren Idealen, denn das schafft nur eine Grundlage für mehr Frust, Schuldgefühle und Stress. Unrealistische Wünsche und Vorstellungen sorgen letztlich für mehr Unzufriedenheit.
Lösen Sie sich vom Wunsch, perfekt sein zu wollen, dann gelingt Ihnen auch ein achtsamer Umgang miteinander.

- **Multitasking? Nein, danke!**

Wenn Sie versuchen, alles parallel zu machen, um Zeit zu sparen, dann erreichen Sie damit oft genau das Gegenteil: Sie sind am Schluss nur gestresst und im schlimmsten Fall ist keine der Aufgaben wirklich (gut) erledigt. Konzentrieren Sie sich lieber auf eine Handlung und schweifen Sie auch gedanklich nicht ab.

Bleiben Sie achtsam im Hier und Jetzt und denken Sie nicht daran, was Sie alles noch vorhaben und erledigen müssen.

- **Probieren Sie doch einmal „digitales Fasten" aus!**

Legen Sie doch mal das Smartphone und das Tablet weg und machen Sie eine digitale Pause. Sie werden sehen, wie einzelne Momente dann zu unvergesslichen Familienerlebnissen werden. Es muss ja nicht stundenlang gehen. Oft sind es die kleinen Dinge im Alltag, die einen großen Effekt zeigen, ganz nach dem Motto: minimaler Aufwand, maximale Wirkung! Probieren Sie es einfach einmal aus und fördern Sie somit Ihre Achtsamkeit und die Ihrer Kinder.

Kleiner Exkurs – achtsam essen

Im hektischen Alltag neigen wir oft dazu, zwischendurch hastig und unachtsam zu essen. Das sogenannte Konzept *Mindful Eating* zeigt, was es heißt, achtsam zu essen: Man lernt, die eigenen Signale des Körpers besser wahrzunehmen, das Essen schmeckt einem sogar besser, man ist schneller satt und isst somit weniger.

Wenn wir achtsam essen, dann nehmen wir unsere Mahlzeiten mit allen Sinnen wahr. Achtsam essen bedeutet, sich mit der

Mahlzeit zu beschäftigen, sie zu riechen, zu sehen und zu schmecken. Wenn es um die Ernährung geht, beschränkt sich die Achtsamkeit aber nicht nur auf die Mahlzeiten an sich. *Mindful Eating* bedeutet nämlich ebenso, sich bewusst zu entscheiden, welche Lebensmittel man essen möchte, bewusst einzukaufen und frisch zu kochen. Das ist ein grundlegender Bestandteil einer wertvollen Gesundheitserziehung!

Beim achtsamen Essen darf das eigene Bauchgefühl nicht aus dem Blick verloren werden. *Mindful Eating* bedeutet, auf die körpereigenen Bedürfnisse und Signale zu hören, anstatt Mahlzeiten stur nach Uhrzeiten oder sonstigen Regeln zu sich zu nehmen. Sie werden sehen, wie gut es Ihnen tut, auf den eigenen Körper zu hören, denn er sagt Ihnen genau, was er wann braucht.

Die täglichen Mahlzeiten sind sozusagen der Brennstoff für unsere Körperzellen. Ist der Brennstoff aufgebraucht, entstehen Hungergefühle. Der Organismus hat das Bedürfnis, neue Nahrung aufzunehmen, aus der dann wieder neue Energie produziert werden kann.

Der Körper sagt uns genau, wann es Zeit ist, etwas zu essen, und vor allem auch wie viel. Vorbestimmte Essenszeiten, verschiedene Gerüche, Essensregeln und das permanent verfügbare Essensüberangebot erschweren es aber massiv, das eigene Hungerempfinden wahrzunehmen.

Zudem versuchen viele, Gefühle mit Essen zu kompensieren, und essen aus Frust, Trauer oder Wut.

Genau hier setzt achtsames Essen an.

Viele Menschen fühlen sich im Alltag energielos und müde und kämpfen mit diversen Verdauungsbeschwerden. Hier kann mehr Achtsamkeit beim Essen kleine Wunder wirken!

Achtsames Essen steigert den Genuss und die Freude am Essen. Es erlaubt Ihnen und Ihrer Familie, zur Ruhe zu kommen und während der Mahlzeiten bewusst Zeit füreinander zu haben. Außerdem kann sich Ihr Verdauungstrakt entspannen.

Dass Achtsamkeit gesund ist, darüber sind sich auch die Wissenschaftler einig, denn immer mehr Studien belegen die gesundheitsförderlichen Effekte der Achtsamkeit. Achtsamkeitsübungen bringen die Stresshormone in eine gesunde Balance, stärken die Immunabwehr und regulieren den Blutdruck. Es gibt unterschiedliche Achtsamkeitsübungen, die dabei helfen, sich auf bestimmte Körperteile zu konzentrieren oder den eigenen Atem wahrzunehmen. Zu diesen Übungen gehört unter anderem das achtsame Essen, das sogar Kinder ganz bequem mit Ihnen zu Hause erlernen können.

Achtsames Essen – *Mindful Eating* – bietet folgende Vorteile:

- Sie sind entspannter und zufriedener.
- Sie haben im Alltag eine kleine Auszeit, ganz für sich allein.
- Sie sind schneller satt.
- Sie essen weniger und bewusster.
- Sie können Mahlzeiten mehr genießen.
- Sie hinterfragen Ernährungsgewohnheiten und das sorgt für mehr Gesundheit im Alltag.

Tipps für das *Mindful Eating*

Beseitigen Sie Ablenkungen beim Essen!

Legen Sie beim Essen das Smartphone zur Seite, schalten Sie den Rechner sowie den Fernseher aus. Nichts ist so wichtig, dass es nicht eine halbe Stunde lang warten könnte. Wählen Sie für sich und Ihre Lieben einen schönen und ruhigen Ort aus, an dem Sie ganz ohne Ablenkungen essen können. Lassen Sie das achtsame Essen zu einer Gewohnheit werden.

Gönnen Sie sich ausreichend Zeit zum Essen!

Nehmen Sie sich bewusst Zeit zum Essen und gönnen Sie sich eine Pause. Genießen Sie eine kleine Auszeit und lassen Sie sich von nichts und niemandem hetzen. Versuchen Sie vor allem, nicht zwischendurch, nebenbei oder unterwegs zu essen. Wenn Sie in der Hektik und Eile essen, gelangt zu viel Luft in Ihren Bauch und den Verdauungstrakt. Sie fühlen sich unwohl und aufgebläht. Besonders für Kinder ist hastiges Essen sehr kontraproduktiv.

Legen Sie das Besteck zwischendurch immer wieder ab!

Machen Sie regelmäßige kleine Pausen, während Sie kauen. Ermuntern Sie auch Ihr Kind dazu, das Besteck immer wieder abzulegen und die Gabel oder den Löffel erst dann wieder in die Hand zu nehmen, wenn der letzte Bissen vollständig hinuntergeschluckt wurde. So dauert die Mahlzeit länger und das Sättigungsgefühl kann sich schneller einstellen.

Hören Sie genau auf die Signale Ihres Körpers!

Ihr Körper sagt Ihnen genau, wann er Hunger hat und worauf: In diesem Zusammenhang wird vom intuitiven Essen gesprochen, das mit dem achtsamen Essen Hand in Hand geht.

Wählen Sie Lebensmittel aus, die den Körper mit gesunden Vitaminen, Mineralstoffen, sekundären Pflanzenstoffen und Antioxidantien versorgen. Entscheiden Sie sich für Nahrungsmittel, die dem Körper gesunde Energie und eine Extraportion Nährstoffe schenken. Achten Sie außerdem darauf, dass jede Mahlzeit gesunde Fette enthält, und beachten Sie vor allem die richtigen Portionsgrößen. Es ist wichtig, nicht zu wenig zu essen, denn der Organismus braucht genügend Energie im Alltag, aber auch nicht zu viel zu essen und sich hinterher träge zu fühlen. Bringen Sie ebenfalls Ihrem Kind bei, den eigenen Körper besser kennenzulernen und auf seine Signale zu hören.

Wie können Kinder die Fähigkeit der Achtsamkeit erlernen?

Nicht jedem Kind gelingt es, längere Zeit innezuhalten und sich auf das eigene Ich oder eine bestimmte Tätigkeit zu konzentrieren. Wie Achtsamkeit von den Kleinen genau erlebt wird, hängt vom Alter sowie von der individuellen Persönlichkeit des Kindes ab. Auch das, was Ihrem Kind viel Spaß macht, spielt eine bedeutende Rolle.

So sind für kleinere Kinder besonders spielerische Aspekte von Bedeutung. Bei Vorschulkindern können Atemübungen die Achtsamkeit sehr gut fördern. Die Kleinen atmen tief ein und können die Luft dann auf unterschiedliche Weise wieder auspusten: schnell, langsam, leise oder auch laut. Das vermittelt ihnen ein besseres Gefühl dafür, wie der eigene Körper funktioniert und wozu er alles in der Lage ist. Es zeigt ihnen zugleich spielerisch auf, womit es ihnen gut geht. Je älter die Kinder dann werden, desto leichter wird es ihnen fallen, sich auf Traum- und Fantasiereisen zu begeben und immer tiefer in sich hineinzuhören.

Es ist hilfreich, wenn Sie als Eltern die Achtsamkeitsübungen gemeinsam mit Ihrem Kind ausprobieren. So können Sie zusammen herausfinden, welche Übungen besonders viel Freude machen, und Sie können einzelne Übungen altersgemäß abwandeln.

Es ist sehr wichtig, dass Entspannung und Achtsamkeit nicht unter Druck erfolgen, die Achtsamkeitsübung also keinesfalls zum Stress wird!

Schaffen Sie eine schöne und entspannte Atmosphäre, so etwa eine warme Umgebung mit einem wohlriechenden Duft und einem angenehmen Licht. Wie lange die Momente der Achtsamkeit dauern sollen, können Sie ganz frei entscheiden. Machen Sie es so, wie es sich für Sie und Ihr Kind am angenehmsten anfühlt.

> *Es ist am besten, wenn Sie als Mama oder Papa nicht nur von aussen zuschauen, sondern es vormachen, achtsam zu sein. Kinder lernen durch Nachahmung.*

Für kleinere Kinder im Vorschul- oder Kindergartenalter reichen im Allgemeinen schon einige Minuten Achtsamkeitstraining aus. Doch es gibt keine Grenzen: Wenn Ihr Kind Spaß daran hat und gerne weitermachen möchte, dann dürfen Sie die spielerischen Achtsamkeitsübungen auf jeden Fall fortführen. Sehr viele Kinder haben viel Freude daran und genießen zudem den Kontakt zu den Eltern.

Damit Kinder fühlen, dass die Achtsamkeit ein wertvoller Aspekt des eigenen Lebens ist, müssen sie diese als einen festen Bestandteil des Alltagslebens erleben. Zum Beispiel können kleine Familienrituale wie ein Tisch- oder ein Abendgebet vor dem Zubettgehen großartige Momente für mehr Achtsamkeit im Alltag sein.

Das hilft Kindern, sich auf das zu besinnen, was sie im Hier und Jetzt erleben.

Tipps zur Umsetzung im Alltag

- Wenn Achtsamkeitsübungen durchgeführt werden, steht niemals ein Leistungsgedanke dahinter! Achtsamkeit dient nie dem Zweck der Selbstoptimierung – und schon gar nicht bei Kindern.

- Üben Sie bitte keinen Druck auf das Kind aus. Nehmen Sie das Kind einfach wahr und schauen Sie, was Ihrem kleinen Schatz gefällt. Akzeptieren Sie es unbedingt, wenn es eine Übung mal nicht machen möchte.

- Fangen Sie mit kleinen moderaten Schritten an, ohne auf eine bestimmte Regelmäßigkeit zu pochen.

- Der Spaßfaktor und die Freude sollten bei Ihrem Kind stets im Mittelpunkt der Achtsamkeitspraxis stehen.

- Übungen, bei denen sich Ihr Kind nicht wohlfühlt oder die ihm nicht gefallen, sollten Sie ruhig ausfallen lassen. Wie gesagt steht das kindliche Wohlbefinden an erster Stelle.

- Gestalten Sie die Achtsamkeitsübungen gerne als ein gemeinsames Ritual – als eine kleine wohltuende Auszeit im Alltag. Das wird die Verbindung zu Ihrem Kind stärken und Ihre emotionale Nähe fördern.

- Sie können die Übungen oder Traumreisen aus diesem Buch frei nach Ihren Wünschen abwandeln. Passen Sie sie Ihren Anforderungen und den Wünschen Ihres Kindes einfach an.

- Um bei älteren Kindern und Jugendlichen eine nachhaltige Wirkung zu erzielen, ist vor allem der Austausch nach den Achtsamkeitsübungen enorm nützlich. Sprechen Sie also mit Ihrem Kind über das Gefühlte, das Erlebte und das Wahrgenommene. Vermitteln Sie Ihrem Kind zusätzlich, was es mit gelebter Achtsamkeit in seinem Leben alles erreichen kann.

- Vergessen Sie nie, dass sich Kinder immer an Ihnen als Eltern orientieren. Seien Sie deshalb ebenfalls in puncto Achtsamkeit ein Vorbild! Leben Sie die Achtsamkeit im Familienalltag vor und legen Sie gerne hin und wieder einen „Achtsamkeitstag" ein. Führen Sie zum Beispiel an einem schulfreien Tag verschiedene Traumreisen oder Achtsamkeitsspiele durch. Verbannen Sie dafür alle Unterhaltungselektronik, die Sie ablenken könnte, wie Notebook, Smartphone, Fernseher oder Tablet.

Vorteile von erhöhter Achtsamkeit

Achtsamkeit ist sehr wertvoll und hat sehr positive Auswirkungen auf Ihr Leben und das Leben Ihres Kindes. Sie schafft Selbstbewusstsein und sogar ein umfassendes Wissen um die eigenen Fähigkeiten, Stärken und Talente. Viele Forscher haben sich weltweit mit diesem Thema auseinandergesetzt und sind zu großartigen Ergebnissen gelangt. Übungen für mehr Achtsamkeit können sogar genutzt werden, um die Behandlung von Persönlichkeitsstörungen und Depressionen zu ergänzen.

Vor allem Rückfälle in depressive Stimmungsphasen sollen durch ein Plus an Achtsamkeit verhindert werden. Es ist folglich sinnvoll, die Achtsamkeitspraxis in die Therapie zu implementieren und nicht allein auf Arzneimittelpräparate zu setzen. Auch für Menschen, die stark zum Grübeln, also zur sogenannten Rumination neigen, ist die Achtsamkeitspraxis sehr wertvoll. Diese Übungen sind eine sehr sinnvolle Ergänzung für zahlreiche Verhaltenstherapien (vgl. Segal et al. 2002). Durch die Besinnung auf den aktuellen Moment und eine akzeptierende innere Haltung können die betroffenen Personen lernen, sich nicht in depressiven und negativen

Gedankenspiralen zu verfangen. Vielmehr gilt es, diese zu durchbrechen, indem man sich zum Beispiel auf die Atmung fokussiert und das Angenehme des eigenen Umfelds wahrnimmt.

Was aktuell noch fehlt, sind aussagekräftige Studien und Ergebnisse aus Langzeitstudien, die noch genauere Detailinformationen über die Wirkungen der Achtsamkeit liefern.

Andere positive Auswirkungen und Vorteile der Achtsamkeit sind hingegen schon wissenschaftlich bekannt und belegt:

- **Verbesserte psychische Verfassung**

  Wissenschaftler der Universität in Gießen kamen zu dem Ergebnis, dass Achtsamkeit Menschen psychisch gesehen viel stabiler und gesünder macht. Gerade in der heutigen stressigen und immer hektischeren Zeit, in der psychische Probleme vermehrt auftreten, ist das eine sehr wertvolle positive Auswirkung der Achtsamkeit!

- **Höhere Stressresistenz**

  Achtsame Menschen können wesentlich besser mit diversen Belastungen und Stress umgehen. Denn sie begegnen den unterschiedlichen Auslösern von Stress mit viel mehr Gelassenheit. Sie sind resilienter und erleben alles halb so schlimm wie weniger achtsame Menschen. Die Achtsamkeit hilft den Menschen, kreativere Lösungen für diverse Probleme zu finden und Stressbelastungen gut abzubauen.

- **Mehr Offenheit, Empathie und Konzentration**

Eine australische Studie von Gin Malhi und Belinda Ivanovski hat gezeigt, dass Achtsamkeitsübungen zur mehr Offenheit, Konzentration und auch Feinfühligkeit führen. Eine solche Empathie ist ungemein wichtig für gelingende zwischenmenschliche Beziehungen.

- **Weniger Sorgen und Grübeln**

Achtsamkeit führt nicht dazu, dass Sie mehr grübeln, sondern im Gegenteil: Achtsame Menschen machen sich weniger Sorgen und tappen ebenso wenig in die Grübelfalle. Sie sind stattdessen viel optimistischer und dankbarer. Sie freuen sich über alles, was sie in ihrem Leben bereits erreicht haben und was sie bis dato erleben durften, und sind stolz darauf, was sie können. Außerdem sind sie innerlich ausgeglichen und frei und nicht in einem negativen Gedankenkarussell gefangen.

- **Ein positiveres Mindset**

Achtsame Menschen denken positiver und haben im Allgemeinen eine optimistischere Grundhaltung als weniger achtsame Menschen. Natürlich tauchen selbst bei ihnen hin und wieder negative Gedanken auf, doch sie können mit diesen dank ihrer Achtsamkeitsübung viel besser fertigwerden. Sie reflektieren Negatives, können es umwandeln und letztlich für etwas Positives in ihrem Leben nutzen. So sehen sie den gegenwärtigen Alltag sowie die Zukunft letztlich viel optimistischer.

- **Mehr Geduld durch Achtsamkeitstraining**

Achtsamkeit sorgt für eine Extraportion Geduld – mit sich selbst und auch mit anderen Menschen. Gerade heutzutage scheint alles so schnell zu gehen, und Zeit ist ein richtig knappes Gut geworden! Kaum jemand scheint noch Geduld aufzubringen, was sich unter anderem sehr eindrucksvoll im Straßenverkehr zeigt. Achtsamkeit sorgt für eine bewusste Entschleunigung und führt zu mehr Geduld und innerer Ruhe.

33 ÜBUNGEN FÜR MEHR ACHTSAMKEIT BEI KINDERN

Während dieser Übungen wird immer wieder ein kleiner Elefant namens Emil auftauchen, der dabei helfen soll, Ihrem Kind gewisse Inhalte zu vermitteln.

ACHTSAMKEIT FÜR MEHR KONZENTRATION

1. Klassische Achtsamkeitsübung

- Du kennst bestimmt auch die Gedanken, die immer wieder in Deinem Kopf kreisen. Vielleicht denkst Du gerade an Deine nächste Mathearbeit, ein bestimmtes Schulfach oder daran, womit Du gerne spielen würdest. Diese Gedanken sind völlig normal.
- Versuche jetzt einmal, ganz bewusst nur an das zu denken, was gerade passiert.
- Schließe Deine Augen und atme erstmal ganz tief ein und wieder aus.
- Lege Deine Hand auf Deinen Bauch und spüre, wie er sich durch Deine Atmung hebt und wieder senkt.
- Versuche jetzt, an nichts anderes zu denken, außer an das, was gerade passiert.

- Öffne ruhig wieder Deine Augen.
- Wie fühlst Du Dich? Fühlst Du Dich gut und ruhig? Schau Dir einmal diese Smileys an und zeige auf den, der Deiner Stimmung gerade am nächsten kommt.

Eltern-Trickkiste:
Vielleicht hat Ihr Kind zu Beginn noch etwas Probleme damit, sich ganz auf die Gegenwart zu fokussieren und darauf einzulassen. Machen Sie sich keine Sorgen. Sie werden sehen, dass sich Ihr kleiner Schatz mit ein bisschen Übung immer besser darauf einlassen kann. Entscheidend ist, dass Sie ganz ohne Druck arbeiten und darauf achten, dass es Ihrem Kind gut geht.

2. Du bist der Kapitän Deiner Aufmerksamkeit

 Du kannst selbst bestimmen, worauf Du Deine Aufmerksamkeit lenkst. Du bist hier der Kapitän und hast das Steuer selbst in der Hand. Niemand sonst kann bestimmen, was Du denken sollst.

> Nur Du kannst Deine Aufmerksamkeit lenken.

Probiere doch einmal diese kleine Übung:

- Klatsche fest in Deine Hände. Achte dabei darauf, wie sich das Geräusch anhört.
- Klatsche jetzt noch dreimal hintereinander ganz fest in Deine Hände und achte nicht nur auf das Geräusch, sondern auch darauf, wie sich Deine Hände anfühlen.
- Während des Klatschens hast Du Deine gesamte Hand spüren können. Versuche jetzt einmal, Dich nur auf einen Teil Deiner Hand, zum Beispiel auf einen Finger, zu konzentrieren. Spürst Du das gut? Wie fühlen sich Deine Finger an, kribbeln sie, sind sie warm? Versuche zu beschreiben, was Du spürst.

Eltern-Trickkiste:

Gerade am Anfang kann es hilfreich sein, wenn Sie sich zusammen mit Ihrem kleinen Liebling hinsetzen und versuchen, die Übungen zu probieren. So geben Sie Ihrem Kind Sicherheit und helfen ihm dabei, sich fallen zu lassen. Gerade Kinder benötigen ein großes Stück Sicherheit und Vertrauen, um sich wirklich auf etwas einzulassen. Sie als Elternteil können hier am Anfang besonders hilfreich sein und Ihrem Schatz zeigen, dass Sie da sind.

Hilfreich kann es ebenfalls sein, Ihr Kind gezielt anzusprechen, wenn Sie beispielsweise merken, dass sich Ihr Schatz etwas schwertut, darüber zu sprechen, was es fühlt. Stellen Sie Ihrem Kind ruhig Fragen, zum Beispiel:

Wie fühlen sich Deine Hände an?
Spürst Du, dass sie warm werden, oder sind sie kalt?

Sie können dann beschreiben, wie sich Ihre Hände anfühlen. Kinder verlieren dann oftmals die Scheu vor neuen Dingen und öffnen sich leichter, wenn sie sehen, dass Sie als Elternteil das ebenfalls tun.

3. Du hast die Wahl

Wie auch Emil Elefant fällt es Dir vielleicht manchmal schwer, Dich auf eine einzige Sache zu konzentrieren. Du kennst vielleicht in der Schule Situationen, in denen Du gerade gar nicht so richtig bei der Sache bist oder an etwas anderes denkst. Hast Du schon einmal probiert, Dich auf bestimmte Gegenstände zu konzentrieren? Komm und lass uns eine kleine Übung machen. Sie wird Dir dabei helfen zu lernen, selbst zu entscheiden, worauf Du Dich konzentrierst, und zu erkennen, wann Deine Aufmerksamkeit abschweift.

Praktische Übung:

- Falls Du gerade noch nicht in Deinem Kinderzimmer bist, dann gehe jetzt dort hinein.
- Suche Dir einen Gegenstand aus, auf den Du Dich konzentrieren möchtest.
  Welchen Gegenstand hast Du Dir ausgesucht? Ein Buch, ein Kuscheltier, ein Spielzeug?

- Versuche, Dich danach auf einen anderen Gegenstand zu konzentrieren, den Du in Deinem Zimmer siehst. Nachdem Du Dir einen neuen Gegenstand ausgesucht hast, ist es wichtig, dass Deine Gedanken bei diesem bleiben.
  Schau Dir mal genau an, welche Farbe Dein ausgesuchter Gegenstand hat. Magst Du diese Farbe oder würdest Du Dir lieber eine andere wünschen? Welche Form hat Dein Gegenstand?
- Sobald Du an etwas anderes denkst, versuche ganz bewusst, wieder an den ausgesuchten Gegenstand zu denken. Du schaffst das! Versuche, Dich gut zu konzentrieren, und lass Dich nicht ablenken von den anderen schönen und bunten Gegenständen.

- Es kann sein, dass Du merkst, dass Dir im Raum andere Dinge nicht mehr auffallen, weil Du Dich nur auf diesen einen Gegenstand konzentrierst. Das ist sehr gut, mach weiter so!
- Denkst Du gerade vielleicht daran, was Du später noch spielen möchtest? Versuche jetzt, mit Deinen Gedanken wieder zu Deinem Gegenstand zurückzukehren.
- Wähle danach andere Gegenstände aus, auf die Du Dich konzentrierst. Versuche am besten, Dich für zehn Sekunden auf einen Gegenstand zu konzentrieren, und wähle dann erst den nächsten aus. Das klingt für Dich jetzt vielleicht anstrengend, aber Du wirst sehen, es macht Spaß, die Dinge in Deinem Zimmer neu wahrzunehmen.
- Wenn Du die einzelnen Gegenstände also wahrgenommen hast, dann schließe Deine Augen. Atme ganz tief und bewusst ein paar Mal ein und wieder aus. Du darfst Deine Augen wieder öffnen.
- Hat Dir diese Übung gefallen? Vielleicht magst Du für diese Übung einen Smiley vergeben, um zu bewerten, wie sie Dir gefallen hat und ob Du sie gerne nochmal machen möchtest.

Eltern-Trickkiste:

Diese Übung ist besonders sinnvoll, wenn Sie Ihrem Kind dabei helfen möchten, sich besser zu konzentrieren. Gerade Kinder sind oft reizüberflutet und haben unzählige Gedanken im Kopf. Probieren Sie also diese Übung mit Ihrem kleinen Schatz aus. Durch sie kann Ihr Kind besser wahrnehmen, wann seine Gedanken abschweifen, und ist in der Lage, dieser wieder auf etwas anderes zu lenken. Unterstützen Sie Ihr Kind bei dieser Aufgabe ganz besonders. Sie können am Anfang probieren, in einer Umgebung zu üben, in der es nicht so viele Ablenkungen und Gegenstände gibt.

4. Geheimnisvolle Sinnesreise

Hast Du schon mal bewusst darauf geachtet, wie Deine Sinne funktionieren? Du kannst mit Deinen Sinnen hören, riechen, schmecken, sehen und fühlen. Diese kleine Übung ist besonders für Deinen Tastsinn gedacht. Es geht darum, dass Du Dich jetzt nur darauf konzentrierst, was Du gleich fühlen wirst.

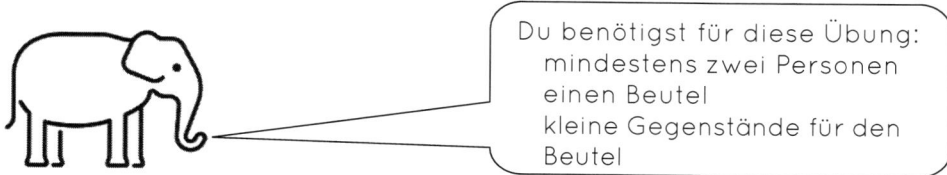

Du benötigst für diese Übung:
mindestens zwei Personen
einen Beutel
kleine Gegenstände für den Beutel

Bevor Du mit dieser Übung beginnst, gehe zuerst in Dein Kinderzimmer. Suche Dir dort ein paar Gegenstände aus, die Du gerne in den Beutel legen möchtest. Wichtig ist, dass diese Gegenstände nicht spitz oder scharf sind, damit sich niemand daran verletzen kann. Versuche, verschiedene Dinge zu wählen, die unterschiedliche Formen und Größen haben.

Wie wäre es zum Beispiel mit den folgenden Gegenständen:

- Radiergummi: Nicht nur fühlt sich seine Oberfläche lustig an, sondern er ist auch klein und kompakt.
- kleiner Ball, gerne ein Tischtennisball
- Wollknäuel: Der fühlt sich flauschig an.
- Badetierchen: Nicht nur in der Badewanne sorgen kleine Badetierchen für mächtig Spaß, sondern auch bei dieser Übung kannst Du sie gerne verwenden.
- Schlüsselanhänger als Kuscheltier, zum Beispiel in Form eines Hasen: Den kannst Du sehr gut erfühlen, besonders aufgrund seiner Schlappohren. Alternativ geht natürlich ebenso gut ein anderes Tier.
- Teebeutel: Der fühlt sich sehr interessant zwischen Deinen Fingern an.

Praktische Übung:

- Lass Deinen Mitspieler jetzt den ersten Gegenstand aus dem Beutel nehmen. Wichtig ist, dass dabei seine Augen verschlossen sind. Nicht schummeln, die Augen müssen geschlossen bleiben.
- Dein Mitspieler soll jetzt beschreiben, was er fühlt. Wie fühlt sich die Oberfläche des Gegenstands an?

Lass Deinen Mitspieler diesen genau beschreiben und versuchen zu erraten, um welches Objekt es geht.

- Dann nimmt Dein Mitspieler nach und nach die anderen Gegenstände aus dem Beutel und versucht, diese ebenfalls zu beschreiben. Achtet jeweils darauf, jedes Detail zu beschreiben. Tastet mit Euren Sinnen und versucht, Euch nur darauf zu konzentrieren.
- Sobald der Beutel leer ist, darf sich Dein Mitspieler Gegenstände aussuchen und diese in den Beutel legen. Anschließend bist Du an der Reihe und musst probieren, die Gegenstände zu erfühlen.
- Falls Euch das Spiel zu langweilig ist, könnt Ihr den Schwierigkeitsgrad erhöhen und der Spieler, der die Gegenstände ausgewählt hat, gibt dem anderen vor, welchen Gegenstand er aus dem Beutel nehmen soll.

Eltern-Trickkiste:

Für Kinder ist diese Übung mit sehr viel Konzentration verbunden. Gerade dann, wenn sie die Augen geschlossen halten sollen, sind sie doch neugierig und möchten den Gegenstand sehen. Dieses Spiel bringt so viel Spaß mit sich, da man sich einzig auf seine Hände verlassen kann.

Falls die Kleinen eine kleine Steigerung der Schwierigkeitsstufe möchten, können Sie als Eltern die Gegenstände auswählen. Wählen Sie hierfür ähnliche Gegenstände aus wie oben beschrieben, zum Beispiel unterschiedliche Bälle oder Schlüssel. Die Kinder müssen dann versuchen, den Gegenstand im Detail zu erraten, zum Beispiel statt „Ball":

- Tischtennisball
- Flummi

Oder beim Schlüssel:

- Briefkastenschlüssel
- Wohnungsschlüssel

Sie sehen, Sie können hier immer wieder neue Spannung ins Spiel bringen und die Kinder weiter fördern.

5. Reise durch Deinen Körper

Dieses Spiel wird Dir besonders viel Spaß machen. Es geht darum, dass Du Deine verschiedenen Körperteile richtig spüren kannst. Hast Du schon einmal darauf geachtet, wie sich Deine Füße anfühlen, wenn Du mit ihnen stampfst? Die nachfolgende Übung ist jetzt genau das Richtige für Dich. Du kannst Dich auf die verschiedenen Bereiche Deines Körpers konzentrieren und diese einmal bewusst spüren.

Komm jetzt mit auf diese kleine Reise und hab richtig viel Spaß dabei!

Für diese Übung brauchst Du als Erstes einen Stuhl. Achte darauf, dass Du mit den Füßen den Boden berühren kannst. Das ist besonders bei dieser Übung wichtig, damit Du Deine Füße gut spürst.

Praktische Übung:

- Setz Dich zuerst ganz gerade auf Deinen Stuhl. Schiebe Deinen Popo weit nach hinten, damit Du die

Stuhllehne in Deinem Rücken spüren kannst. Falls Dein Stuhl keine Lehne hat, ist das kein Problem.

- Stampfe jetzt ganz fest mit Deinen Füßen auf den Boden. Emil Elefant stampft auch immer ganz doll mit den Füßen. Fühl Dich einmal wie ein kleiner Elefant und stampfe. Atme dabei einmal ein und wieder aus und höre dann auf zu stampfen. Du stampfst also nur, während Du atmest.

> Emil Elefant möchte jetzt genau wissen, wie Du Dich fühlst:
>
> Wie fühlst sich das jetzt an? Spüre einmal, wie sich Deine Füße anfühlen. Fühlt es sich gut an?

- Gehe jetzt mit Deinem Körper etwas vor und dann zurück, bis Du den Stuhl unter Deinem Popo richtig gut spürst. Kannst Du ihn gut spüren? Wenn ja, dann darfst Du jetzt die nächste Übung probieren. Hierfür neigst Du Deinen Oberkörper dreimal erst nach rechts und dann nach links. Das sieht ungefähr so aus, als ob Du etwas zu beiden Seiten schaukeln würdest.
- Bleib jetzt ganz still sitzen und spüre einmal, an welchem Punkt Dein Popo den Stuhl berührt. Wo spürst Du den Stuhl besonders gut? Gibt es hier einen bestimmten Punkt? Falls Du es nicht so gut spürst, dann darfst Du nochmal dreimal etwas zu beiden Seiten schaukeln und es erneut versuchen.
- Das machst Du bis jetzt sehr gut!

- Für die nächste Übung brauchst Du Deine Hände. Reibe Deine Handflächen mal fest aneinander. Während Du das machst, zählst Du bis zehn. Lege Deine Hände nun auf Deinem Schoß, also Deinen Oberschenkeln ab und spüre mal, wie sie sich anfühlen. Was spürst Du? Sind Deine Hände warm oder doch eher kalt? Fühlen sie sich gut an oder ist das für Dich unangenehm? Du kannst auch gerne Deine Augen dabei schließen, wenn es Dir leichter fällt und Du das dadurch besser spüren kannst.

- Wie waren diese Übungen für Dich? Gab es eine Übung, die Dir besonders gefallen hat? Konntest Du bei einer Übung vielleicht ein Körperteil besonders gut spüren? Was meinst Du, woran könnte es liegen, dass Du ein Körperteil besonders gut gespürt hast?
- Nachdem Du all diese Übungen so gut gemacht hast, hast Du Dir erstmal eine Pause verdient. Wiederhole diese Übungen gerne öfters.

Eltern-Trickkiste:
Diese Übung hat gleich zwei wichtige Komponenten. Zum einen geht es zunächst darum, dass die Kinder ihre ganze Aufmerksamkeit auf ein Körperteil richten, beginnend mit der Bewegung des Körperteils. Zum anderen sollen sie

anschließend die verschiedenen Körperteile fühlen. Probieren Sie diese Übung ruhig zusammen mit Ihrem Kind aus und schauen Sie, was Sie gut spüren können.

6. Atme Dich frei

Wir atmen pro Tag unzählige Male ein und aus. Doch wie oft achten wir wirklich auf unsere Atmung? Vielleicht geht es Dir auch so und Du hast noch nie bewusst wahrgenommen, wie Du atmest. Diese Übung kann Dir jetzt dabei helfen, Dich mehr darauf zu konzentrieren und Deine Atmung wahrzunehmen.

Sobald Du probierst, Dich einzig auf Deine Atmung zu konzentrieren, fällt es Dir leichter, im Hier und Jetzt zu sein.

Hast Du Lust, nun ein paar Atemübungen auszuprobieren? Prima, dann komm mit auf diese kleine Reise!

Für diese Übung brauchst Du rein gar nichts außer Dir selbst.

Atemübung:

- Lege Dich zuerst einmal bequem auf den Rücken. Falls Du möchtest, kannst Du für diese Übung gerne in Dein Kinderzimmer gehen, Dich auf eine Decke legen oder auf ein Sofa, ganz wie Du Dich wohlfühlst.
- Bei den Übungen, die gleich folgen, ist es notwendig, dass Du Deine Augen schließt, das hilft Dir dabei, Dich noch mehr auf die Atmung zu konzentrieren.

- Du brauchst nun Deine Finger. Lege sie mal auf die Rippen. Die Daumen von Deinen beiden Händen zeigen nach unten zum Boden beziehungsweise zum Rücken.
- Atme jetzt ganz bewusst langsam ein und wieder aus. Hier geht es nicht um Schnelligkeit, sondern darum, dass Du spürst, wie sich Deine Rippen heben und senken. Spürst Du das gut? Atme ein paar Mal ruhig ein und aus.
- Das hast Du sehr gut gemacht!
- Als Nächstes üben wir noch eine andere Atmung, die Bauchatmung. Vielleicht kannst Du Dir hier schon denken, dass sie etwas mit Deinem Bauch zu tun hat.
- Lege Deine Hände entspannt auf Deinem Bauch ab. Eine Hand liegt oberhalb der anderen. Jetzt atme einmal ruhig ein und wieder aus. Vielleicht fühlt es sich für Dich jetzt etwas lustig an, als ob Dein Bauch atmen würde. Genau dann ist es richtig. Du spürst nicht Deinen Bauch atmen, sondern wie sich Dein Zwerchfell (ein Muskel in der Brust) wölbt. Das geschieht, weil sich Deine Lunge mit Luft füllt.
- Sehr gut! Du hast Deine heutige Atemübung erfolgreich beendet. Du kannst gerne noch ein bisschen liegen bleiben, wenn Du Dich dabei gut fühlst.

Eltern-Trickkiste*:*

Gerade die Kleinen profitieren von dieser Atemübung. Sie können dadurch gezielt lernen, sich achtsam auf ihre Atmung zu konzentrieren und auch die kleinen Momente wahrzunehmen.

7. Abenteuer Natur

Vielleicht hast Du momentan in der Schule viel Stress und es gibt vieles, an das Du während des Tages denkst. Die Natur kann Dir dann dabei helfen, dass Du Dich besser entspannen kannst.

Wann warst Du das letzte Mal im Wald spazieren? Nimm Dir immer wieder die Zeit, um den Wald mit all Deinen Sinnen zu erleben.

Im Wald gibt es so vieles zu entdecken, Tiere, Bäume, Gerüche und jede Menge wunderschöne Farben. Du kannst hier so viel erkunden und ein richtiger kleiner Waldabenteurer werden! Weißt Du, was aber noch viel besser daran ist? Ein kleiner Waldspaziergang kann Dir total guttun und Dich super entspannen.

Diese Übung kannst Du am besten das nächste Mal ausprobieren, wenn Du einen Waldspaziergang machst.

Selbst Emil Elefant geht super gerne spazieren. In Afrika kann man kilometerweit laufen und immer wieder neue Tiere und Landschaften sehen.

Nimm den kleinen Elefanten einmal mit auf Entdeckungsreise durch Deinen Wald.

<u>Übung für Waldabenteurer</u>

- Nutze Deinen nächsten Spaziergang im Wald unbedingt für ein kleines Abenteuer. Es gibt hier schließlich so viele tolle Dinge zu entdecken und erleben!
- Hast Du schon einmal darauf geachtet, welche Tiere Dir im Wald begegnen? Vielleicht kannst Du sogar einen kleinen Hasen am Waldrand sehen oder ein Eichhörnchen, das auf die Bäume klettert.
  Schau Dich zu allen Seiten um. Du findest ganz kleine Tiere wie Ameisen oder Bienen und andere Insekten, aber auch größere Tiere wie Hasen. Hast Du ein Lieblings-Waldtier?
- Im Wald gibt es sehr viele Vögel, die auf Bäumen sitzen und für Dich singen. Schau Dir die Vögel mal genauer an. Wie sehen sie aus, welche Farben haben sie und singen sie alle gleich? Gibt es noch andere Geräusche, die Du hören kannst? Schließe kurz Deine Augen, bleib stehen und versuche ganz bewusst, nur zu lauschen. Gibt es Geräusche, die weiter entfernt sind? Kannst Du vielleicht auch hören, wie der Wind die Blätter an den Bäumen zum Rauschen bringt?

- Atme einmal richtig tief ein. Was kannst Du riechen? Der Wald hat einen eigenen Duft nach Bäumen, Gras und Erde. Es ist ein ganz magischer Geruch. Was kannst Du riechen? Magst Du den Geruch?
- Hast Du schon einmal einen kleinen Ast in der Hand gehalten? Probiere das aus. Wie fühlt sich das an? Ist der Ast nass oder trocken, rau oder glatt und ist vielleicht etwas Moos darauf?
- Versuche, wie ein Forscher durch den Wald zu gehen und immer wieder Neues zu erforschen und zu entdecken. Der Wald ist jetzt Dein neues Forschungsgebiet und Du kannst hier ganz viele tolle Dinge finden, Tiere beobachten und die Jahreszeiten wahrnehmen. Im Wald siehst Du genau, wie sich die Bäume im Herbst verändern: Die Blätter werden bunt! Im Winter sind die Bäume kahl. Im Frühling beginnen die Bäume, langsam zu blühen, und im Sommer ist alles frisch und grün.
- Du kannst auch einige Blätter sammeln und diese zu Hause zu einem Bild basteln. Lass Deiner Fantasie freien Lauf und genieße den Wald mit all Deinen Sinnen.

Eltern-Trickkiste:

Vielleicht nehmen Sie den nächsten Ausflug einmal als Gelegenheit und gehen mit Ihrem Kind in den Wald. Nicht nur für Ihren Liebling ist das die pure Erholung, sondern auch für Sie. Die Natur kann auf der einen Seite unglaublich viel Beruhigung schenken und auf der anderen Seite neue Kraft. Sie fühlen sich dadurch beflügelt und haben zugleich für einen kleinen Moment den Alltag vergessen. Die Entdeckungstour mit den Kleinen ist dann umso schöner für die Kinder und auch für Sie.

GELASSENHEIT LERNEN FÜR KLEINE ABENTEURER

8. Komm zur Ruhe

Manchmal ist der Tag so aufregend, dass man es kaum schafft, wirklich zur Ruhe zu kommen. Dann, wenn Du gerne schlafen möchtest, weil Du müde bist, gelingt es Dir vermutlich leicht.

Doch wie ist es, wenn Du hibbelig bist und am liebsten auf dem Stuhl hin und her rutschen würdest, weil Du nicht stillsitzen kannst? Schaffst Du es dann auch, Dich zu entspannen?

Die nachfolgende kleine Atemübung kann Dir dabei helfen, dass Du Dich entspannst und so zur Ruhe kommst.

Praxisübung: Entspannung pur

- Für diese Übung musst Du zuerst Deine linke Hand ausstrecken. Fahre mit dem Zeigefinger Deiner rechten Hand über die Außenseite des linken Daumens.
- Atme jetzt ganz ruhig und entspannt ein, während Du über Deinen Daumen streichst. Bewege Dich nun von der Außenseite nach oben zur Daumenspitze. Auf der anderen Seite kannst Du nun am Daumen entlangstreichen und dabei ausatmen.
- Wiederhole das jetzt ganz langsam mit den anderen Fingern. Wichtig ist, dass Du dabei immer bewusst ein- und ausatmest, ganz ohne Druck und ohne Stress.
- Sobald Du mit dieser Hand fertig bist, kannst Du die Seite wechseln.
- Genieße diese kleine Atemübung. Falls Du mal aufgebracht bist oder unruhig und gestresst, kannst Du diese Übung auch zwischendurch ausprobieren.

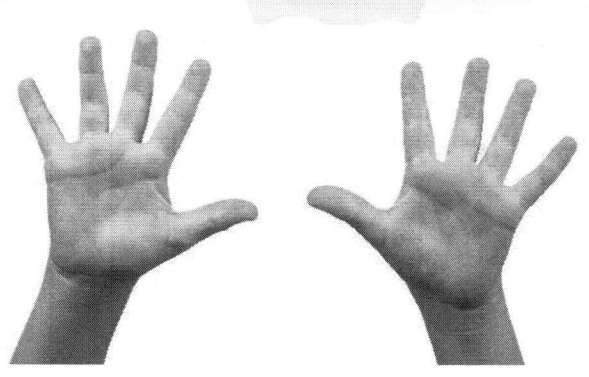

Eltern-Trickkiste

Diese Übung kann Ihrem kleinen Schatz ein entspanntes Gefühl und Wohlbefinden schenken. Entscheidend ist, dass Sie darauf achten, dass Ihr Kind während dieser Übung die Luft nicht anhält, ansonsten kann das Gegenteil eintreten und Ihr Kind fühlt sich gestresst.

9. Zauberhafte Glitzerwelt

Tagsüber kann es oft passieren, dass Du unruhig bist und Dir sehr viele Gedanken durch den Kopf gehen. Genau für diese Momente zeige ich Dir gleich, wie Du Dir hierfür Dein persönliches Entspannungsglas basteln kannst.

Für das Glas brauchst Du:

- etwas Bastelleim
- Wasser
- Schraubgläser
- Glitzer / Flitter (verschiedene Sorten)

Praxisübung:

- Zuerst musst Du das Zauberglas mit Wasser füllen. Gib nun etwas Leim dazu, damit sich der Glitzer später löst und langsam nach unten sinkt.
- Gib anschließend den Glitzer / Flitter in das Glas. Du kannst jetzt mehrere Gläser mit Wasser, Leim und Flitter befüllen. Vielleicht gefällt Dir der Gedanke, dass jede Farbe für eine Emotion steht.
- Verschließe den Deckel fest und probiere einmal, vorsichtig zu schütteln. Schau, ob der Flitter schön nach unten sinkt.

Entspannungsübung:

- Nimm das Zauberglas, das aktuell am besten Deine Emotion widerspiegelt.
- Schüttele es langsam und schau zu, wie der Glitzer nach unten sinkt.
- Atme, während Du dem Flitter zusiehst, ruhig ein und aus. Zähle einmal mit, wie oft Du ein- und wie oft Du ausatmest, bis der gesamte Glitzer am Boden ist.

- Jedes Mal, wenn Du Angst hast, aufgeregt oder unruhig bist, kannst Du Dir Dein Zauberglas nehmen, es schütteln und diese Übung wiederholen.

10. Stufenatmung

Bei dieser Übung geht es darum, dass Du Atmung und Bewegung miteinander verbindest. Gerade dann, wenn Du ein bisschen angespannt oder nervös bist, kann diese Übung Dich beruhigen.

Für diese Übung benötigst Du:

- 1 Stuhl

Praxisübung:

- Setz Dich aufrecht auf Deinen Stuhl. Mach Deinen Rücken schön lang und zieh Dich richtig nach oben. Bei dieser Übung kannst Du Dir vorstellen, dass Dein Körper wie ein Hochhaus ist. Nimm Deine Hände nun auf die Höhe Deines Unterbauchs, also unterhalb Deines Bauchnabels. Lege Deine Handflächen ineinander und stell Dir jetzt vor, dass das das Erdgeschoss des Hochhauses ist.
- Atme jetzt richtig tief ein, löse Deine obere Hand von der unteren und hebe sie nach oben, etwas über Deinen Kopf. Gehe mit Deiner Hand so lange in Richtung Himmel, bis Du fertig eingeatmet hast.

- Atme jetzt aus und lass Deine Hand wieder nach unten sinken zu der unten liegenden Hand. Mach die Bewegungen ruhig und ohne Hektik. Sobald Du mit dem Ausatmen fertig bist, bleibst Du mit der Hand auf der Höhe stehen.
- Wie fühlst Du Dich gerade? Fühlt sich diese Übung gut an?
- Um die Schwierigkeit etwas zu erhöhen, kannst Du versuchen, die Augen zu schließen und diese Übung erneut durchzuführen. Schaffst Du es, dass Du, während Deine Augen geschlossen sind, merkst, wann sich Deine Hände berühren würden?
- Wiederhole diese Übung ein paar Mal und entspanne Dich anschließend.

Eltern-Trickkiste

Diese kleine Atemübung ist besonders für Kinder geeignet, die schnell unter Nervosität und Unruhe leiden. Schauen Sie, dass Ihr Kind diese Übung regelmäßig durchführt, und Sie werden sehen, wie positiv sich das auswirken wird.

11. Kleine Muskelentspannung

Mit dieser Aufgabe kannst Du gezielt lernen, wie Du einige Muskeln bewusst entspannen und anspannen kannst. Das hilft Dir besonders dann, wenn Du etwas ruhiger werden möchtest.

Praxisübung

- Lege Dich zuerst bequem auf den Rücken.
- Schließe jetzt entspannt Deine Augen.
- Atme ein und beginne, Deine Gesichtsmuskeln fest anzuspannen.
- Beim Ausatmen lässt Du wieder locker und Dein Gesicht kann sich wieder entspannen.
- Atme nochmal ein und ziehe dabei Deine Schultern etwas in Richtung Deiner Ohren. Spanne wieder Dein Gesicht fest an und runzle Deine Stirn dabei. Atme wieder aus und entspanne Dein Gesicht und Deine Schultern.
- Mach aus Deinen Händen Fäuste, während Du wieder einatmest.
- Bei der Ausatmung kannst Du Deine Hände wieder locker lassen.
- Wir kommen jetzt zu den Füßen. Atme wieder ein und spanne Deine Füße und Beine ganz fest an. Du spürst die Anspannung jetzt vom Oberschenkel bis in die Zehenspitzen.
- Atme wieder aus und lass Deine Füße und Beine locker.
- Konntest Du spüren, wie sich Deine verschiedenen Muskeln angespannt und entspannt haben? Wie hat sich das für Dich angefühlt? War das angenehm oder hat es sich unangenehm angefühlt?

12. Meerestraum

Gibt es einen Ort, an dem Du jetzt gerne sein würdest? Vielleicht träumst Du Dich gerade an den Strand mit all dem schönen Sand, den Muscheln und dem türkisfarbenen Meer. Bei der nächsten Übung bist Du in Gedanken am Meer.

Deine Atmung kannst Du mit den Meereswellen vergleichen. Sie kommt und sie geht, genau wie die Wellen am Meer kommen und gehen.

Praxisübung

- Schließe zuerst sanft Deine Augen.
- Versuche, Dir jetzt vorzustellen, wie Du am Meer bist. Das türkisblaue Wasser liegt vor Dir, Du spürst den Sand unter Deinen Füßen und die Sonne strahlt auf Dein Gesicht.
- Die Wellen des Meeres sind wie Deine Atmung. Atme jetzt einmal bewusst ein. Stell Dir vor, wie die Wellen den Strand berühren, während Du einatmest. Sobald Du ausatmest, gehen die Wellen wieder zurück. Es ist ein sanftes Kommen und Gehen.
- Atme jetzt ruhig einige Male ein und aus. Stell Dir dabei jedes Mal die Wellen vor, die den Strand berühren

und wieder ins Meer fließen. Vielleicht kannst Du mit Deinen Füßen ein bisschen spüren, wie Dich die Wellen berühren. Sie kitzeln sanft Deine Zehen. Atme weiter ruhig ein und aus.

- Vertiefe die Atmung jetzt etwas, atme also tief ein. Stell Dir wieder die Wellen vor. Dieses Mal ist es eine ganz große Welle, die auf den Strand trifft. Atme wieder aus und entspanne Dich.
- Versuche, während der Ausatmung nicht zu stark zu atmen, da Dich das ansonsten unnötig Kraft kostet.
- Bleib noch ein paar Atemzüge hier. Öffne danach Deine Augen und genieße das gerade erlebte Gefühl.
- Bist Du schön entspannt?

BLEIB IN BEWEGUNG

Bewegung ist super für Dich, um gesund zu bleiben. Dein Körper ist ein wahres Wunderwerk. Er ist in der Lage, viele unterschiedliche Bewegungsabläufe auszuführen. Kreise doch einmal ein bisschen Deinen Kopf. Du merkst dadurch sofort, wie sich Dein Körper lockert.

Ein bisschen Bewegung kann Deine Muskeln entspannen und Dir so dabei helfen, Deinen Körper besser wahrzunehmen und zu spüren, was Du fühlst.

Diese Übung ist besonders für Deinen Nacken gut. Gerade wenn Du viel lernst und in der Schule lange sitzt, schaust Du oft nach unten. Deine Muskulatur im Nacken kann sich dadurch verspannen und Dir sogar Schmerzen bereiten.

Entspanne Deine Nackenmuskeln jetzt mit der folgenden Übung:

Praxisübung:

- Stell Dich zuerst aufrecht hin. Dein Kopf sollte ebenfalls gerade sein und nicht nach unten hängen.
- Hebe dann langsam Dein Kinn etwas nach oben. Wichtig ist, dass Du keine zu schnellen Bewegungen machst und Dein Kopf dabei nicht nach hinten kippt.
- Halte Dein Kinn gerade und drehe Deinen Kopf zuerst zur linken Seite und dann wieder zur Mitte. Schau nach vorne, drehe Deinen Kopf danach zur rechten Seite und wieder zurück in die Mitte. Du solltest die Bewegungen nicht schnell durchführen, sonst kann Dir schnell schwindelig werden.
- Atme sanft aus. Kippe jetzt Deinen Kopf nach links in Richtung Deiner Schulter. Sobald Du wieder einatmest, stellst Du Deinen Kopf wieder zurück in die Ausgangsposition. Das Gleiche machst Du nun auch rechts: Atme aus und kippe Deinen Kopf zur rechten

Schulter. Atme wieder ein und komm wieder nach oben. Du kannst zur Unterstützung gerne eine Hand an Deinen Hals legen, so spürst Du zudem, wie sich Deine Muskulatur bewegt.

- Sehr gut hast Du das gemacht! Diese Übung kannst Du immer wieder auch zwischendurch, während Du Hausaufgaben machst oder lernst, durchführen. Das hilft Dir dabei, Dich zu entspannen und Deine Muskeln zu lockern.

Eltern-Trickkiste:

Gerade der kindliche Körper ist oft noch sehr empfindlich. Achten Sie unbedingt darauf, dass Ihr Kind den Kopf nicht zu weit nach hinten lehnt. Ansonsten kann es zu Problemen mit der Halswirbelsäule kommen.

Ermutigen Sie Ihren Liebling aber immer wieder dazu, diese Übungen auszuprobieren. Das hilft ihm insbesondere gegen

Schulstress und beugt Verspannungen vor. Nebenbei lernen die Kleinen noch, aufmerksam auf ihren Körper zu achten und bewusst Muskellockerungen wahrzunehmen.

13. Lebendiger Regenbogen

Hast Du eine Lieblingsfarbe? Kommt diese in einem Regenbogen vor? Diese Atemübung ist genau das Richtige für Dich und wird Dir mit Sicherheit viel Spaß bereiten. Du kannst durch diese Übung neue Energie tanken und fühlst Dich gleich aktiv und fit.

Bei dieser Übung geht es darum, dass Du dem Regenbogen richtig Leben einhauchst.

Schließe einmal kurz Deine Augen und stell Dir die Farben eines Regenbogens vor. Das nachfolgende Bild kann Dir dabei etwas helfen. All diese Farben kommen in einem Regenbogen vor.

Praxisübung:

- Stell Dich zuerst aufrecht hin. Entspanne Deine Schultern und lass Deine Arme locker neben Deinem Körper hängen. Die Handflächen zeigen nach vorne.
- Atme jetzt ein und hebe dabei Deine Arme nach oben. Deine beiden Oberarme sind also jetzt neben Deinen Ohren. Die Handflächen zeigen zueinander.
- Sobald Du ausatmest, lass Deine Arme zu den Seiten sinken. Stell Dir vor, Du würdest einen Regenbogen zeichnen. Deine Hände sind jetzt auf der Höhe Deiner Schultern und die Handflächen zeigen zum Boden.
- Du kannst Dich gerne etwas nach vorne beugen, Deine Knie sind gerade und Deine Arme hängen nach vorne. Deinen Kopf lässt Du dabei ebenfalls locker hängen. Deine Arme befinden sich nun ungefähr auf der Höhe Deiner Knie.
- Atme wieder ein und beginne die Übung von vorne.

Eltern-Trickkiste:

Probieren Sie mit Ihrem Kind diese Übung aus. Sie können auch versuchen, dass Ihr Kind während der Übung die Augen zulässt und sich allein auf den Regenbogen und die Atmung konzentriert. Falls das noch nicht so gut funktioniert, ist das überhaupt kein Problem.

14. Nein zu Streit und Frust

Emil Elefant hat manchmal Ärger mit anderen Tieren. Je nachdem, welche Tiere ihm begegnen, muss er sich auch ein wenig behaupten. Vielleicht geht es Dir ähnlich wie Emil und auch Du bist manchmal wütend oder verärgert.

Die nächste Übung hilft Dir dabei, den Ärger und die Wut wegzuschieben.

Praxisübung:

- Stell Dich aufrecht hin. Atme ein und schiebe dabei Deine Hände nach vorne. Deine Handflächen zeigen dabei nach vorne. Stell Dir vor, wie Du etwas wegschiebst, in diesem Fall Ärger, Wut und Frust, der sich aufgestaut hat. Atme wieder aus und lass Deine Arme sanft am Körper heruntersinken.
- Atme nochmal ein und wiederhole den ersten Teil der Übung. Schiebe aber jetzt Deine Arme nicht nach vorne, sondern zur Seite. Atme danach aus und senke wieder Deine Arme.

- Atme erneut ein und schiebe Deine Arme jetzt über Deinen Kopf nach oben. Stell Dir vor, Du möchtest ganz hoch nach oben wachsen und den Himmel berühren. Danach erneut ausatmen und die Arme senken.
- Die vierte Übung beginnt erneut mit dem Einatmen: Deine Arme sind zuerst wieder neben Deinem Körper und die Handflächen zeigen nach unten. Schiebe dann Deine Handflächen fest nach unten, als ob Du etwas nach unten drücken möchtest. Wieder ausatmen und in die Ausgangsposition zurückkehren.
- Kannst Du spüren, wie Wut und Ärger verschwinden?

15. Kleine Sauerei

Die nachfolgende Übung wird Dir besonders viel Freude bereiten. Hierbei darfst Du ganz offiziell mit etwas Schleimigem spielen.

Die Übung hilft Dir dabei, Deinen inneren Druck abzubauen und Dich von Ärger und Wut zu lösen.

Du benötigst:

- Wasser
- Löffel
- Speisestärke
- Schüssel

Praxisübung:

- Gib zuerst 1 Tasse Speisestärke in die Schüssel.
- Gieße sie mit Wasser auf, bis eine zähflüssige Masse entstanden ist. Falls sie zu flüssig ist, kannst Du noch etwas Speisestärke hinzugeben.
- Gehe mit Deinen Händen in die Schüssel. Nimm etwas Speisestärke heraus und drücke den Schleim etwas zusammen. Sobald Du ihn wieder loslässt, wird er flüssig.
- Dieses Zusammendrücken kann Dich von Wut und Ärger befreien.
- Wie fühlt sich das zwischen Deinen Fingern an? Was denkst Du gerade? Was fühlst Du?

Eltern-Trickkiste:
Falls Ihr Kind nicht mehr mit dem Schleim spielen möchte, lassen Sie diesen über Nacht austrocknen. Gießen Sie ihn keinesfalls in den Abfluss, sonst kann das Rohr verstopfen.

VERÄNDERUNG BEGINNT IM KOPF

16. Entkomme Deinem Gedankenkarussell

Das ist eine super Übung, die Du ganz einfach nach der Schule machen kannst. Suche Dir hierfür sonst auch gerne eine andere Tageszeit aus. Bei dieser Übung geht es darum, dass Du draußen an der frischen Luft bewusst gehst.

Die Bewegung an der frischen Luft hilft Dir dabei, Deinen Kopf freizubekommen und gleichzeitig bewusst Deine Umgebung wahrzunehmen.

Praxisübung:

- Suche Dir hierfür zuerst einen Gehsteig aus oder einen Weg, auf dem Du frei herumlaufen kannst.
- Gehe nun langsam diesen Weg entlang. Achte bewusst darauf, was Deine Füße tun. Nimm also jeden Schritt bewusst wahr. Deine Füße bewegen sich fast wie von selbst.
- Während Du gehst, atmest Du ruhig ein und wieder aus: Sobald Du Deinen Fuß hebst, atmest Du ein und beim Absetzen wieder aus. Schau nicht auf Deine Füße, sondern geradeaus. Wichtig ist aber, dass nichts am Boden liegt, sonst kannst Du schnell stolpern oder hinfallen. Deshalb kannst Du zwischendurch immer mal wieder zu Deinen Füßen schauen.
- In Gedanken kannst Du Dir sagen: „Ich atme ein, ich atme aus, ich hebe und ich senke meine Füße."
- Meinst Du, es war die richtige Tageszeit, zu der Du jetzt gelaufen bist? Würdest Du gerne zu einer anderen Zeit diese Übung machen, vor der Schule, nach der Schule?

17. Giraffenübung

Bei dieser Übung geht es darum, dass Du etwas erspüren sollst. Du kannst Deine Aufmerksamkeit dadurch ganz gezielt nur auf die Berührungen richten. Das hilft Dir in Deinem stressigen Alltag, Dich bewusst zu entspannen und gelassener zu werden.

Die Giraffe hat am Körper sehr viele Flecken. So wie der kleine Vogel auf dem Rücken diese Flecken berühren kann, so soll jemand das jetzt bei Dir tun.

Für diese Übung benötigst Du daher eine zweite Person.

Praxisübung:

- Schließe zuerst Deine Augen.
- Bitte nun die zweite Person darum, Dich an einer Stelle zu berühren. Während dieser ganzen Zeit sind Deine Augen geschlossen.

- Versuche nun, mit Deinem Finger die berührte Stelle anzutippen.
- Die zweite Person soll anschließend weitere Stellen berühren und Du musst jedes Mal die jeweilige Stelle antippen.

18. Naturforscher

Bei dieser Übung geht es darum, in die Natur zu gehen, am besten an einen See oder Fluss. Voraussetzung ist, dass es dort Steine gibt.

Praxisübung:

- Gehe mit einer zweiten Person an einen Ort, an dem es Steine zum Sammeln gibt.
- Suche Dir nun vier verschiedene Steine aus. Nimm sie in die Hand und beschreibe, wie sich ihre Oberfläche anfühlt. Ist die Oberfläche bei allen Steinen gleich, sind sie unterschiedlich groß? Erzähle Deiner Begleitperson alles, was Dir zu diesen Steinen einfällt.
- Du kannst gerne einen Stein mit nach Hause nehmen und diesen jedes Mal, wenn Du tagsüber unruhig bist, in die Hand nehmen.
- Das Berühren des Steins hat eine beruhigende Wirkung und kann Dir dabei helfen, Dich von Wut und Ärger zu befreien und zu mehr Gelassenheit zu finden.

19. Piratenschatz

Diese Übung ist für eine längere Dauer angelegt.

Praxisübung:

- Für diese Übung suchst Du Dir zuerst ein kleines Gefäß aus. Das kann eine kleine Kiste, Truhe oder ein Schraubglas sein.
- Wähle nun jeden Tag einen Gegenstand aus, den Du gerne in das Gefäß legen möchtest. Bevor Du das tust, mach Dir einmal Gedanken darüber, warum Du genau diesen Gegenstand ausgewählt hast. Was hat Dich an dem Objekt besonders angesprochen?

Eltern-Trickkiste:
Ihr Kind kann durch diese Übung lernen, achtsam zu sein und bewusst auf kleine Details zu achten. Durch das Heraussuchen der Gegenstände kann sich Ihr Kind jeden Tag wieder diese Gegenstände ins Gedächtnis rufen und sich daran erinnern, warum es diese ausgewählt hat.

20. Erkennst Du die Veränderung?

Für diese Übung musst Du in Dein Kinderzimmer gehen. Du benötigst noch eine weitere Person.

Praxisübung:

- Gehe mit Deiner Begleitperson in Dein Kinderzimmer.

- Schau Dich genau um und präge Dir die Gegenstände gut ein.
- Gehe nun vor die Tür. Die zweite Person nimmt nun ein paar Gegenstände und versetzt sie, legt sie woanders hin oder entfernt sie.
- Anschließend darfst Du wieder das Zimmer betreten.
- Schau Dich nun aufmerksam um und versuche herauszufinden, was sich verändert hat. Kannst Du sehen, welche Gegenstände woanders stehen als zuvor, was fällt Dir auf?

Eltern-Trickkiste:
Diese Übung hilft besonders dabei, dass Ihr Kind sich Dinge aufmerksam einprägen kann und in der Lage ist, sich darauf zu fokussieren.

POWER-ALLTAGSÜBUNGEN

21. Mach mal langsam!

Praxisübung:

- Bei dieser Übung geht es darum, dass Du ganz alltägliche Dinge für 15 Minuten extrem langsam machst. Gehe zum Beispiel besonders langsam in Dein Zimmer, räume ganz langsam auf und sprich super langsam.
- Achte besonders darauf, dass Du alle Dinge richtig langsam ausführst.

22. Konzentriere Dich

Praxisübung:

- Hier geht es darum, dass Du mit einer bestimmten Tätigkeit beginnst. Das können das Aufräumen Deines Zimmers, das Hausaufgabenmachen oder andere Aktivitäten sein.
- Konzentriere Dich einzig und allein darauf. Egal, was um Dich herum passiert, versuche ganz bewusst, Dich nicht ablenken zu lassen. Bleib immer bei der Sache.
- Versuche, das Ganze jetzt mal für mindestens 20 bis 30 Minuten so zu machen.
- Wenn Du ein bisschen geübter bist, kannst Du Dich auch längere Zeit einer Sache widmen. So lernst Du, Dich zu konzentrieren, was Dir auch in der Schule sehr weiterhilft.

23. Blind Dinner

Diese Übung kannst Du mit allen Sinnen genießen. Es geht nun darum, dass Du etwas mit verbundenen Augen kosten und dann erraten sollst, um was es sich handelt.

Für diese Übung brauchst Du eine zweite Person. Diese muss einige Lebensmittel auswählen, zum Beispiel Obst (Erdbeeren, Weintrauben, Apfel, Birne), Gemüse (Gurke, Paprika, Möhre) oder andere Lebensmittel.

Praxisübung:

- Dir werden zuerst einmal die Augen verbunden.
- Anschließend reicht Dir die zweite Person das erste Nahrungsmittel.
- Beginne damit, vorsichtig zu tasten und zu erforschen, um was es sich handeln könnte.
  Versuche auch, daran zu riechen. Der Geruch verrät oft schon sehr viel darüber, welches Lebensmittel sich dahinter versteckt. Du kannst Dir hierfür viel Zeit nehmen.
- Beschreibe der zweiten Person jetzt alle Details, die Dir auffallen. Dann probiere das Lebensmittel. Beschreibe wiederum detailliert, was Du schmeckst.
- In der zweiten Runde kannst Du jetzt die Lebensmittel auswählen, die die andere Person erraten muss.

24. Himmelsforscher

Für das nächste Spiel musst Du an die frische Luft gehen. Falls Du einen Garten hast, dann kannst Du Dich dort gerne ins Gras legen. Ansonsten gehe ein bisschen draußen spazieren.

Praxisübung:

- Gehe an der frischen Luft spazieren. Es ist wichtig, dass keinerlei Hindernisse vorhanden sind. Schau einfach einmal in den Himmel. Was siehst Du? Siehst Du die schönen Wolken? Wie sehen sie aus? Siehst Du Vögel? Was kannst Du alles sehen?
- Beschreibe genau, was Du siehst. Bevor Du weiterläufst, solltest Du wieder geradeaus und auf den Weg schauen, damit Du nicht stolperst.
- Diese Übung kannst Du immer mal wieder kurz zwischendurch durchführen.

25. Gemeinsame Expedition

Diese Übung kannst Du mit einem Elternteil ausprobieren.

Praxisübung:

- Sucht Euch eine Tätigkeit aus, die Ihr zusammen erledigen könnt.
- Während dieser Tätigkeit achtet Ihr beide sehr genau auf alle Details. Was fällt Euch auf? Welche Kleinigkeiten habt Ihr bisher noch nie wahrgenommen? Macht es Spaß?

- Nachdem Ihr Eure Tätigkeit beendet habt, setzt Euch kurz zusammen hin. Redet beide darüber, was Ihr wahrgenommen habt, und findet vielleicht sogar Parallelen.

26. Blumenpracht

Diese Übung wirkt auf den ersten Blick vielleicht unspektakulär, ist aber sehr gut dafür geeignet, mehr Achtsamkeit in den Alltag zu bringen.

Praxisübung:

- Bei dieser Übung geht es darum, eine kleine Blume zu pflanzen.
- Wähle zuerst eine Pflanze aus, die Du gerne pflanzen möchtest. Das kann zum Beispiel eine Sonnenblume sein oder auch ein anderes Blümchen.
- Pflanze die Blume ein und schaue jeden Tag nach, ob sie schon wächst. Nimm auch gerne eine zweite

Person mit und tauscht Euch darüber aus, was Ihr beobachtet. Falls Ihr keinen Garten habt, könnt Ihr genauso gut eine Pflanze in einem Balkonkasten anpflanzen.
- Probiere das aus und Du wirst sehen, wie viel Du wahrnimmst, wenn Du auf die kleinen Dinge achtest.

27. Was isst Du denn da?

Bei dieser Übung kommt der Geschmack mit Sicherheit nicht zu kurz.

Mach diese Übung unbedingt mit einer weiteren Person. Bereitet gemeinsam eine Mahlzeit zu und beginnt, zusammen zu essen.

<u>Praxisübung:</u>

- Nimm Deinen ersten Bissen und versuche, ihn ganze 30-mal zu kauen. Kaue ganz bewusst. Du kannst zudem gerne Deine Augen schließen und den Geschmack auf Deiner Zunge ganz intensiv wahrnehmen.
- Schmeckt das Essen anders als sonst? Nimmst Du mehr wahr? Besprich Dich mit der anderen Person.

Eltern-Trickkiste:
Diese Übung hilft dabei, dass Ihr Kind lernt, bewusst zu kauen und zu essen. So lernen die Kleinen von Anfang an, was es heißt, bewusst zu leben.

28. Achte darauf, die Dinge bewusst zu tun

Im Alltag gehen die vielen kleinen Tätigkeiten oft unter und wir nehmen diese gar nicht mehr bewusst wahr.

Für diese Übung benötigst Du eine zweite Person.

Praxisübung:

- Wähle zunächst eine Tätigkeit aus, die Du oft ausführst. Das kann zum Beispiel das Erledigen der Hausaufgaben sein oder Ähnliches.
- Führe nun diese Tätigkeit aus. Während Du das tust, sollst Du aber versuchen, Deinem Mitspieler genau zu beschreiben, was Du gerade machst.
- Es ist wirklich wichtig, dass die Erklärungen so detailliert wie möglich sind. Ihr könntet danach die Positionen tauschen, sodass Dein Mitspieler Dir erzählt, wie er gerade eine Tätigkeit ausführt.

29. Spüre Deine Füße

Für diese Übung brauchst Du einen Untergrund, der keinerlei Gefahren mit sich bringt. Denn es geht jetzt darum, dass Du barfuß laufen sollst, um genau zu spüren, was unter Deinen Füßen ist.

Praxisübung:

- Ziehe zuerst Deine Schuhe aus.

- Beginne fürs Erste im Haus beziehungsweise in der Wohnung. Spüre dort in den unterschiedlichen Räumen, wie sich die Böden anfühlen. Beschreibe diese Gefühle und das, was Du spürst.
- Du kannst ruhig verschiedene Untergründe barfuß erkunden, zum Beispiel eine Wiese, Sand oder Kies. Laufe draußen aber stets vorsichtig und schau immer auf Gefahren oder Hindernisse am Boden.
- Spüre mit Deinen Füßen, wie sich die Böden anfühlen.

30. Schummrige Dunkelheit

Diese Übung ist nicht nur für kleine Nachteulen toll! Am besten probierst Du diese Übung einmal am Wochenende mit Deinen Eltern aus.

Praxisübung:

- Für diese Übung muss es abends dunkel im Raum sein. Keine Lampen, keine Elektrogeräte wie Fernseher oder Ähnliches dürfen eingeschaltet sein.
- Genießt diesen Abend nur bei Kerzenschein.

- Kerzen geben ein anderes Licht als künstliche Lichtquellen. Hast Du schon einmal einen Abend so verbracht? Wie fühlt sich für Dich die Atmosphäre an?

Eltern-Trickkiste:
Bei dieser Übung geht es um das Wahrnehmen. Ihr Kind kann hierbei wunderbar lernen, Gegenstände, Räume und Situationen aus einem anderen Blickwinkel zu betrachten. Kerzenlicht ist immer etwas Schummriges und auch Romantisches. Genießen Sie diesen Abend besonders.

31. Positiver Tagesausklang

Im Alltag neigt man schnell dazu, die Dinge negativ zu betrachten. Vielleicht gab es Momente, in denen Dich Mitschüler oder Freunde geärgert haben, oder in der Schule ist etwas nicht so gut gelaufen. Gab es denn auch etwas Schönes heute? Oft macht man sich gar keine Gedanken über die schönen Dinge des Tages. Mit dieser Übung möchten wir das ändern.

Praxisübung:

- Diese Übung wird nach Deiner Gute-Nacht-Geschichte (falls es eine gibt) oder beim Zubettgehen durchgeführt.
- Überlege Dir drei positive Dinge, die Dir heute passiert sind. War jemand besonders nett zu Dir? Hast Du heute gelacht? Welche schönen Momente gab es?

- Denke gründlich nach und versuche, drei positive Aspekte dieses Tages zu finden. Schließe den Tag also mit positiven Gedanken ab.

32. Farbpalette

Das Leben kann so bunt sein! Genau unter diesem Motto steht die nächste Übung.

Praxisübung:

- Suche Dir als Erstes Deine Lieblingsfarbe aus.
- Achte jetzt einmal für die nächsten 30 bis 60 Minuten darauf, dass Du alles wahrnimmst, was Deine Lieblingsfarbe aufweist. Hierfür kannst Du zum Beispiel mit Deinem Mitspieler eine Runde spazieren gehen. Nimm bewusst alle Formen, Gegenstände und Lebewesen wahr, die Deine Lieblingsfarbe beinhalten. Falls Du Dir also Grün ausgewählt hast, dann entdecke das saftige Gras, die grünen Blätter oder ein grünes Auto.
- Nimm um Dich herum alles sehr konzentriert wahr.

Eltern-Trickkiste*:*
Diese Übung ist nicht nur für Kinder besonders wertvoll, sondern auch für Sie als Erwachsene. Nehmen auch Sie mal wieder bewusst Dinge in Ihrer Umgebung wahr. Sie können mit Ihrem Kind ebenso gut Formen vereinbaren, auf die es achten soll, zum Beispiel auf alles, was rund ist. Ihrer Fantasie sind hier keine Grenzen gesetzt.

33. Sei dankbar!

Wofür warst Du das letzte Mal so richtig dankbar? Für Deine Freunde, Deine Eltern oder etwas anderes? Die nächste Übung wird die Dankbarkeit in Dir wieder etwas wecken und in Dein Bewusstsein rücken. Nur wer dankbar ist, kann auch achtsam sein.

Praxisübung:

- Nimm Dir für diese Übung jeden Tag ein paar Minuten Zeit.
- Schreibe abends auf einen Zettel, wofür Du an diesem Tag dankbar warst. Das können Personen oder auch Situationen sein.
- Du kannst die Zettel dann in eine kleine Box legen und immer wieder durchlesen.
- Lass ebenfalls andere, zum Beispiel Eltern, Geschwister oder Freunde, solche Zettel schreiben und in Deine Box legen. So kannst Du sehen, wofür andere Menschen dankbar sind.

Elf Traum- und Fantasiereisen für Kinder zur Entspannung und Förderung der Achtsamkeit

Traum- und Fantasiereisen – das steckt dahinter

Bevor Sie nachfolgend einige Fantasie- und Traumreisen entdecken, ist es nützlich zu wissen, was genau dahintersteckt. Es handelt sich bei diesen Reisen genau genommen um Tagträume. Diese sind für Groß und Klein geeignet. Hierbei schlafen die Teilnehmenden nicht, sondern sind wach. Sie gelangen jedoch in eine Art kleinen Tagtraum, der dafür sorgt, dass sie sich entspannen und ihrer Fantasie freien Lauf lassen können.

Gerade während des hektischen Alltags kann es oft guttun und wahre Wunder bewirken, sich für einen kurzen Moment zu entspannen und in Träumen zu versinken. Kinder haben wie gesagt immer mehr Leistungsdruck sowie Anforderungen, die an sie gestellt werden. Für die Kleinen ist es daher eine wohltuende und entspannende Erfahrung, für einen Moment loszulassen und wieder neue Kraft zu schöpfen.

Die nachfolgenden Traumreisen richten sich insbesondere an Kinder, weshalb die Anrede „Du" verwendet wird. Die Kleinen sollen diese Reisen mit allen Sinnen erfahren und sich vollkommen darauf einlassen.
Es geht darum, dass sie mit ihrer ganzen Vorstellungskraft diese Fantasie- und Traumreisen mitmachen.

Hierbei spielen die fünf Sinne eine besondere Bedeutung:

- Hören: Die Kleinen sollen sich die Geräusche vorstellen können.
- Sehen: Farben, Objekte und Orte sollen sie vor ihrem geistigen Auge sehen können.
- Fühlen: Situationen, die während der Traumreisen auftauchen, sollen gefühlt werden. Hierbei kann es sich zum Beispiel darum handeln, dass die Kinder den Sand unter den Füßen spüren sollen.
- Schmecken: Geschmäcke sollen hierdurch lebendig gemacht werden.
- Riechen: Besondere Gerüche, zum Beispiel von Gras oder dem Meer, sollen die Kinder quasi riechen können.

Besonders Kinder profitieren davon, diese Reisen mit allen Sinnen zu erleben. Dadurch schärft sich ihre Konzentration, die Körperwahrnehmung sowie die Wahrnehmung von alltäglichen Dingen. Sogar Emotionen können die Kleinen durch das bewusste und achtsame Erleben der Traumreisen besser wahrnehmen und ausdrücken.

Auch Stress kann reduziert und abgebaut werden, und positive Gefühle werden ins Bewusstsein gerückt.

Nehmen Sie Ihr Kind jetzt mit auf eine kleine fantastische Abenteuerreise. Am Anfang kann es sein, dass Ihr Kind sich noch etwas schwertut, sich komplett auf diese Reise einzulassen. Das ist überhaupt kein Problem, entscheidend ist nur, dass Sie weiterhin versuchen, solche kleinen Oasen einzubauen und die Fantasiereisen durchzuführen.

1. Regenbogenwelt

Diese kleine Reise beginnt vor Deinem Fenster im Kinderzimmer. Stell Dir vor, wie Du aus Deinem Fenster schaust. Du siehst, wie es leicht regnet. Wenn Du ganz leise bist, dann kannst Du sogar den prasselnden Regen hören. Dafür musst Du aber wirklich sehr leise sein. Die Tropfen sind so sanft, dass man sie nur durch Stille hören und durch Beobachtung sehen kann.

Du schaust zum Himmel und siehst, wie die Sonne versucht, durch die Wolken zu kommen. Die Sonne versucht, sich an den Regenwolken vorbeizuschieben. Sanft scheinen ein paar Sonnenstrahlen durch die Wolken. Die Regentropfen fangen an zu glitzern, wie in einer Kristallwelt.

Du gehst jetzt zur Tür heraus, weil Du unbedingt nach draußen möchtest. Du ziehst Dir Deine Regenjacke an, nimmst Deinen Lieblingsregenschirm mit und gehst vor die Tür. Schau doch einmal kurz nach oben, siehst Du, wie Sonne und Regen sich berühren?

Es ist gar nicht kalt, denn es ist Sommer. Du hast gedacht, wenn es regnet, dann ist es auch kalt. Aber es ist warm und auf der Straße sind überall Pfützen. Du hältst kurz den Schirm zur Seite, um die Tropfen auf Deinem Gesicht zu spüren. Die warmen Regentropfen kitzeln Deine Nase.

Du probierst, mit Deiner Zunge ein paar Regentropfen zu fangen. Sie schmecken nach warmem Regenwasser. Du hast noch Gummistiefel an, doch um in die Pfützen zu springen, lässt Du diese kurz an der Seite stehen. Du gehst barfuß zuerst mit Deinen Zehen und dann mit Deinem ganzen Fuß in die Pfütze. Das kitzelt an Deinen Zehen und das Wasser erfrischt Dich. Du hüpfst in der Pfütze herum. Das macht unglaublich viel Spaß!

Es hört langsam auf zu regnen. Du kannst Deinen Regenschirm jetzt zur Seite legen. Du schaust zum Himmel und siehst, wie die Tropfen noch mehr in der Sonne glitzern. Der Regen verschwindet und immer mehr Sonne kommt hervor. Du atmest diese schöne Luft ein, die nach Regen immer entsteht. Die Regenwolken verschwinden immer mehr und Sonnenstrahlen scheinen auf Dein Gesicht.

Schau doch mal nach oben. Siehst Du den schönen Regenbogen? Ganz sanft sind die Farben, aber man kann sie erkennen. Der Regenbogen leuchtet in blau, orange, lila, grün, rot und gelb. Kannst Du all diese Farben gut sehen?

Du fragst Dich, wo der Regenbogen anfängt. Schau doch mal, ob Du den Anfang sehen kannst und das Ende. Der Anfang ist gar nicht weit von eurem Haus entfernt, er liegt auf einer kleinen Lichtung. Du nimmst Deine Gummistiefel und läufst dorthin. Unterwegs sind vom Regen noch ganz viele kleine Pfützen zu sehen. Zwischendurch springst Du noch in eine Pfütze hinein.

Am Anfang des Regenbogens angekommen, versuchst Du, diesen anzufassen. Schau mal, Du kannst ihn wirklich berühren. Wie fühlt er sich an?

Du folgst dem Regenbogen mit Deinem Blick und siehst, wie schöne weiße Wolken am Himmel sind. Du versuchst, in diesen Wölkchen Tiere zu erkennen. Du kannst eine kleine Ente und einen Hund sehen. Du genießt die Sonnenstrahlen auf Deiner Haut und die Farben des schönen Regenbogens.

Du bist jetzt schon eine Weile beim Regenbogen und musst langsam wieder nach Hause. Du winkst noch einmal dem Regenbogen und rufst: „Tschüss, Regenbogen, bis zum nächsten Mal!" Dann gehst Du zu Eurem Haus zurück. Während Du läufst, siehst Du, wie über den Feldern wieder kleine Bienen und Schmetterlinge fliegen, die sich vor dem Regen in Schutz gebracht hatten.

Du merkst, wie Du plötzlich immer schneller wirst. Um Dich herum tanzen die Wolken und Du spürst die Wärme der Sonne. Ganz schnell bist Du wieder zu Hause angekommen und liegst in Deinem Bett. Du schließt Deine Augen. Du träumst Dich nochmal zurück zu dem Regenbogen. Dort war es so schön, die bunten Farben, die schönen Wolken und es war so warm. Träum Dich nochmal an diesen Ort. Stell Dir vor, welche Tiere Du noch in den Wolken erkennen kannst. Begegnen Dir Schäfchen? Möchtest Du gerne mit ihnen auf dem Regenbogen tanzen? Du kannst jetzt von all den Dingen träumen, die Du gerne dort machen möchtest. Schlaf gut, kleiner Regentänzer.

2. Zauberhafte Märchenwelt

Bevor Du mit dieser kleinen Reise beginnst, darfst Du Dich ganz bequem auf den Rücken legen. Atme ein paar Mal tief ein und wieder aus. Komm zur Ruhe. Schließe jetzt Deine Augen und komm mit auf die Reise zu den Prinzen und Prinzessinnen.

Stell Dir nun vor, Du läufst durch einen Wald. Um Dich herum sind sehr viele Bäume und Blumen. Schmetterlinge fliegen herum, Bienen summen und kleine Eichhörnchen klettern die Bäume hinauf.

Du spielst mit Deinem Ball, den Du dabeihast. Plötzlich landet der Ball hinter einer großen Hecke. Du versuchst, den Ball zu holen, und siehst dabei ein großes Tor, es ist goldfarben und sehr groß. Vorsichtig versuchst Du, das Tor zu öffnen. Es gelingt Dir, ihn einen kleinen Spalt aufzuschieben, und Du schleichst Dich hinein zu diesem magischen Ort.

„Wow", denkst Du Dir. Denn weit hinten siehst Du ein riesiges Schloss!

Neben dem Schloss sind viele Bäume und ein Weg führt direkt dorthin. Warst Du schon einmal in einem richtigen Schloss? Hier leben bestimmt eine Prinzessin und ein Prinz.

Während Du noch am Eingang stehst und das Schloss bewunderst, hörst Du hinter Dir eine Stimme: „Hallo, wer bist Du?", fragt Dich diese Stimme. Du schaust Dich um, doch Du kannst niemanden sehen. Plötzlich spürst Du, wie etwas Deine Beine hochklettert. Vor Dir erscheint eine winzig kleine Fee! „Ich bin Fanny, die kleine Fee."

Du traust Deinen Augen nicht, eine echte Fee, und Du hast sie gefunden! Vielleicht kann Fanny Dir ja das Schloss zeigen. „Ich habe meinen Ball gesucht und dann kam ich hierher. Ich habe noch nie ein Schloss gesehen", sagst Du. Fanny entgegnet Dir: „Ich kann Dir das Schloss zeigen."

Fanny fliegt vor Dir her. Du folgst ihr langsam, obwohl Du noch ein mulmiges Gefühl hast. Das Schloss sieht immer größer aus, je näher Du ihm kommst. Das Eingangstor öffnet sich und Du gehst mit Fanny in das Schloss. Darin sind ganz viele Tiere, die alle frei herumlaufen. Mädchen, Jungen, Erwachsene – viele verschiedene Menschen befinden sich ebenfalls hier. Alle sind sehr freundlich, lächeln und grüßen Dich.

Fanny geht mit Dir die Treppe im Schloss nach oben. Hier gibt es so viele verschiedene Räume und alles ist so groß, wie im Märchen. Du fühlst Dich wie eine richtige Prinzessin. Während Ihr weitergeht, kommt plötzlich ein kleines Mädchen mit einer

Krone auf Euch zu. „Das ist Prinzessin Mia", sagt Fanny. Mia scheint genauso alt zu sein wie Du. Ohne groß zu fragen, möchte sie mit Dir spielen.

Ihr rennt die Treppen hinauf, spielt Verstecken und lacht gemeinsam. Irgendwann ertönt ein lautes „Mia, wo bist Du?" Das muss jemand sein, der das kleine Mädchen sucht, denkst Du Dir. Plötzlich kommt der König durch die Tür. Er begrüßt Dich und möchte seine kleine Mia abholen. „Es wird langsam dunkel, kleine Prinzessinnen müssen jetzt ins Bett", sagt er.

Du musst jetzt auch langsam nach Hause. Mia und der König laden Dich ein, dass Du jederzeit wiederkommen kannst. Du weißt ja jetzt, wo das Schloss liegt.

Du hast den ganzen Nachmittag gespielt und Dich wie eine richtige Prinzessin gefühlt. Du gehst wieder durch das Tor hindurch und läufst nach Hause: Als kleine Prinzessin kehrst Du nach Hause zurück.

3. Schiff Ahoi!

Bei dieser kleinen Reise wirst Du einen tollen Schatz entdecken.

Du stehst an einem Hafen, am Steg. Vor Dir siehst Du viele große und kleine Schiffe. Sie sind alle mit einem Seil am Steg befestigt. Die Wellen bewegen sie sanft hin und her. Wenn Du Deine Augen schließt, dann hörst Du, wie die Wellen leicht gegen die Boote schlagen. Am Himmel scheint die Sonne und es ist schön warm. Das Wasser ist türkisblau und glitzert durch die Sonnenstrahlen.

Spürst Du die warme Sonne auf Deiner Haut? Die Luft riecht nach Meer, ein bisschen salzig. Du spürst, wie ein leichter Wind Deine Nase kitzelt.

Du läufst den Steg entlang. Ganz hinten siehst Du einen alten Mann, er kommt langsam auf Dich zu. Er erzählt Dir, dass er früher einmal ein richtiger Seefahrer war und über alle Meere geschippert ist. Der Seefahrer fragt Dich, ob Du mit ihm auf seinem Schiff ein bisschen segeln möchtest. Er hat an den Mast seines Schiffs eine Piratenflagge gebunden. Du bist fasziniert und möchtest sofort lossegeln.

Ihr steigt auf das Boot. Der Kapitän macht die Leinen los und das Schiff bewegt sich. Es ist ein weißes Schiff mit blauen Streifen. An der Seite hat es einen aufgemalten Anker. Dir gefällt die Farbe des Bootes. Der Mann ist sehr nett zu Dir und er kann Dir sehr viele spannende Geschichten erzählen.

Der Wind bläst die Segel auf und das Boot bewegt sich in Richtung Meer. Die Wellen prallen an die Seiten des Schiffs. Der Mann erzählt Dir von all seinen Abenteuern, die er auf dem Meer schon erlebt hat. Das Schiff des Seemanns, die „Flotte Frieda", schippert übers Meer. Du sitzt oben auf dem Deck und schaust nach links und rechts aufs Meer. Um Dich herum fliegen ein paar Möwen, die ihre typischen Rufe von sich geben. Der alte Mann fragt Dich, ob Du auch gerne

Mal Kapitän sein möchtest. Du darfst jetzt selbst das Schiff steuern!

Der Seemann steht hinter Dir und zeigt Dir, wie es funktioniert. Jetzt hast Du das Steuer in der Hand und darfst das Schiff durch das Meer lenken. Du siehst weit entfernt, rechts vom Hafen, die Stadt immer kleiner werden.

Der Kapitän erzählt Dir von einer kleinen Insel draußen im Meer. Dort, so wurde früher einmal gesagt, gebe es Piraten. Die Piraten haben dort ihre erbeuteten Schätze vergraben, wenn sie von ihren Seefahrten zurückkamen. Auf dieser Insel lebt niemand mehr, nur noch der Schatz liegt dort vergraben.

Du hörst dem Seefahrer gebannt zu und bist natürlich neugierig und möchtest gerne den Schatz sehen. Du wolltest schon immer mal einen richtigen Schatz finden und Deinen Eltern erzählen, dass Du auf einer echten Pirateninsel warst. Der alte Mann erzählt die Seefahrergeschichten so genau und lebendig, dass Du das Gefühl hast, selbst dabei gewesen zu sein. Als kleiner Junge, so erzählt er, wollte er schon immer Kapitän werden und über die Weltmeere schippern. Möchtest Du auch einmal Kapitän oder Kapitänin werden?

Er gibt Dir ein Fernglas und Du darfst hindurchschauen. Du siehst weit vor Dir eine kleine Insel.

„Ist das die Pirateninsel?", fragst Du. „Ja, das ist die Insel der Piraten", antwortet der Kapitän.

Du fängst an, aufgeregt hin und her zu wippen. Du möchtest jetzt unbedingt auf diese Insel. Damit Du aber dorthin kommst, musst Du noch ein bisschen weiter über das Meer segeln. Die Insel ist noch so weit weg. Der Wind weht etwas stärker und das Boot wird immer schneller. Du siehst Dich der Insel immer näherkommen und kannst es kaum erwarten!

Endlich seid Ihr auf der Insel angekommen. Du springst aus dem Schiff und landest mit Deinen Füßen im seichten Wasser. Das Wasser ist warm und der Sand unter Deinen Füßen kitzelt Dich. Du möchtest sofort zu dem Piratenschatz.

Du läufst voraus, bis der Kapitän Dich ruft, damit Du auf ihn wartest. Du bist so aufgeregt und freust Dich darauf, endlich den Schatz zu sehen. Der Seefahrer muss erst noch das Schiff befestigen, damit es nicht zurück auf das Meer treibt.

Ihr zwei lauft jetzt über die Insel. Der Mann weiß, wo sich dieser Schatz befindet. Vor vielen Jahren hat er ihn selbst einmal gefunden. Bei seiner letzten Reise hat er in die Truhe noch ein Andenken gelegt.
Es sind so viele Palmen auf dieser Insel. Kannst Du sie zählen, wie viele siehst Du?

Neben dem Schatzversteck wächst ein besonderer Baum. Außerdem ist eine Piratenflagge in den Stamm geritzt worden. Ihr fangt an zu graben und stoßt schließlich auf den Schatz.

„Was da wohl drin ist?", fragst Du Dich. Ihr öffnet die Truhe und es liegen einige Muscheln, ein Fernrohr und eine Piratenflagge in der Kiste. Die Flagge ist von dem alten Mann selbst, erzählt er Dir.

Du bist ganz beeindruckt von Eurem Fund. Der alte Seefahrer gibt Dir das Fernrohr, die Muscheln und die Piratenflagge mit. Ihr steigt wieder in das Schiff und segelt zurück zum Hafen. Dort warten schon Deine Eltern auf Dich.

Du springst aus dem Schiff und erzählst ihnen gleich, was Du Spannendes erlebt hast. Dann verabschiedest Du Dich von dem alten Seefahrer und schläfst bei der Rückfahrt im Auto friedlich ein.

4. Ein Tag am Strand

Diese Traumreise ist eine kleine Auszeit von Deinem Alltag. Setze oder lege Dich bequem hin. Nimm Dir gerne ein paar Kissen und mach es Dir gemütlich. Schließe Deine Augen und versuche, Dir die folgende Reise intensiv vorzustellen. Atme jetzt sanft ein und wieder aus und entspanne Dich.

Spüre, wie jeder Atemzug Dich mehr entspannen lässt, Du kannst Dich fallen lassen. Entspanne Deinen ganzen Körper. Lass alles schwer werden, ohne etwas anzuspannen. Genieße diesen Moment.

Du stehst barfuß im Sand und spürst, wie die kleinen Sandkörner an Deinen Zehen kitzeln.

Siehst Du das Meer? Es ist so klar und türkis und die Sonne spiegelt sich darin. Deine Nasenspitze wird von der Sonne berührt und ein leichter Wind weht durch Dein Gesicht.

Kannst Du die Wellen hören, wie sie an den Strand prallen? Hörst Du das Meeresrauschen und die Möwen, die über dem Meer herumfliegen?

Versuche, Dich einmal bewusst darauf zu konzentrieren, in welcher Geschwindigkeit und welchem Rhythmus sich die Wellen bewegen. Du läufst jetzt ein bisschen weiter in Richtung Meer. Je näher Du dem Meer kommst, desto stärker hörst Du die Wellen. Der Sand ist hier schon nass und unter Deinen Füßen wird es etwas kühler. Eine schöne Abkühlung an diesem heißen Sommertag!

Die Wellen berühren jetzt Deine Zehen. Die Sonne lässt das Wasser glitzern wie tausend Kristalle. Du gehst noch ein bisschen weiter ins Meer hinein. Deine Füße sind schon komplett mit Wasser bedeckt. Du spürst, wie die Wellen gegen Deine Füße prallen. Die Wellen schäumen das Wasser etwas auf. Das sieht lustig aus.

Nun siehst Du, wie vor Dir ein paar Muscheln angespült werden. Du hebst eine von ihnen auf und spürst ihre raue Oberfläche. Welche Form hat sie? Hast Du so eine Muschel schon einmal gesehen? Ist sie eher groß oder klein?

Während Du Deine Muschel ansiehst, spürst Du plötzlich kleine Fische, die um Deine Füße herumschwimmen. Sie sind winzig und schwimmen total schnell! Mit den zurückfließenden Wellen verschwinden die kleinen Fische wieder im Meer und dann sind sie plötzlich wieder da. Sie fühlen sich lustig an Deinen Füßen an und kitzeln etwas.

Du läufst dann weiter am Strand entlang. Du findest noch ein paar mehr Muscheln. Du hebst diese auf und vergleichst sie mit Deiner ersten Muschel. Sehen sie gleich aus?

Du nimmst etwas Sand in Deine Hände und lässt ihn durch Deine Finger gleiten. Du bist glücklich, es ist so schön hier!

Über Dir fliegen die Möwen und weit auf dem Meer siehst Du ein Boot. „Ob dort auf dem Boot wohl Menschen sind?", fragst Du Dich. Du warst auch schon einmal auf einem Schiff und das hat Dir sehr gefallen. Du läufst noch ein bisschen weiter. Die Sonne scheint in Dein Gesicht und die Wellen machen so eine schöne Musik.

Du bist ganz ruhig. Du spürst richtig, wie sich Dein Herzschlag im Takt der Wellen sanft beruhigt. Du fühlst Dich glücklich und bist gerne an diesem Ort. Jeder Atemzug macht Dich noch entspannter. Kannst Du den salzigen Geschmack des Meeres spüren? Die Meeresluft auf Deinen Lippen?

Atme jetzt für ein bis zwei Atemzüge tief ein und wieder aus. Öffne Deine Augen und komm wieder im Hier und Jetzt an. Du kannst noch einen kleinen Moment entspannt sitzen oder liegen bleiben, ganz so, wie es Dir guttut.

5. Der Berg ruft!

Komm in eine bequeme Position. Entspanne Deinen gesamten Körper. Lass Deine Arme und Beine ganz locker. Lege Dich hin oder bleib entspannt sitzen.

Atme jetzt für zwei Atemzüge sanft ein und wieder aus. Schließe dann Deine Augen und träume Dich mit all Deinen Sinnen in die nachfolgende Traumreise.

Stell Dir jetzt einmal vor, dass Du in den Bergen bist. Du läufst einen schmalen Wanderweg entlang und um Dich herum blühen Wiesenblumen, Schmetterlinge fliegen herum und das Gras ist saftig. Felsen ragen aus dem Gras hervor und auf den Wiesen siehst Du Kühe.

Die Sonne scheint auf Dein Gesicht. Du spürst einen leichten Windhauch und bist glücklich hier in der Natur. Vom Berg fließt ein kleiner Bach herunter und Du hörst, wie er plätschert. Alles ist so ruhig und idyllisch.

Schau Dich mal um, was siehst Du alles? Wie viele unterschiedliche Farben begegnen Dir? Sind die Berge bis ganz oben mit Gras bedeckt, oder wie sehen sie aus?

Du gehst den Weg weiter, sehr vorsichtig, damit Du nicht stürzt. Denn der Weg ist ein bisschen steinig und steil, aber Du kannst das gut schaffen. Hinter einem Felsen kommt eine Ziege hervor. So ein Tier hast Du noch nie so nahe vor Dir gesehen. Die Ziege beginnt plötzlich zu sprechen und erzählt Dir, dass sie hier lebt. Sie klettert den ganzen Tag über die Felsen und spielt im Gras. Die Ziege heißt Zoe und möchte Dir gerne ein bisschen von ihrer Welt zeigen.

Du folgst der Ziege, die ohne Probleme über die steilen Felsen und Hänge klettert. Zoe wartet immer auf Dich, damit Du Dich nicht verläufst. Sie läuft vorweg und Du versuchst, sicher über die Felsen zu klettern. „Du bist ja auch eine richtige kleine Bergziege", sagt Zoe und lacht.

Ihr seid fast am Gipfel angekommen. Du musst nur noch über einen Hügel und ein paar Felsen klettern und dann hast Du es geschafft.

Oben angekommen setzt Du Dich erstmal ins Gras. Hier ist alles so grün und saftig, es gibt unzählige bunte Blumen und es sieht nicht mehr so felsig aus. Du bist beeindruckt von dieser Kulisse. Die Ziege Zoe legt sich zu Dir ins Gras. Sie erzählt Dir von ihrer Welt hier oben. Jeden Tag springt sie über die Felsen, hüpft über Wiesen und bestaunt die schöne Natur. Viele Menschen kommen hierher, um den Ausblick zu genießen. Du kannst von hier oben auf das Dorf und die umliegenden Berge sehen. Die Berge sehen so groß und mächtig aus!

Hier gibt es außerdem die verschiedensten Blumen und Farben. Kennst Du diese Blumen? Hast Du welche davon ebenfalls im Tal gesehen? Welche Farben siehst Du hier?

Du legst Dich auf die Wiese und schaust nach oben in den Himmel. Von hier aus hat man das Gefühl, dass man den Himmel berühren kann. Du bist erstaunt über so viel schöne Natur! Wenn Du hier oben bist, hast Du das Gefühl von Freiheit. Du fühlst Dich, als ob alles tun könntest, was Du möchtest. Denn es gibt hier keine Begrenzungen oder Enge. Alles scheint so groß und so unendlich weit zu sein.

Du streichelst den Kopf von Zoe, sie hat ganz weiches Fell. Sie schließt ihre Augen und genießt die Streicheleinheiten. Du stellst Dir vor, dass Du ein Vogel wärst, der über all diese Berge fliegen kann. Du beobachtest, wie die Vögel fliegen, die Ziegen klettern und all diese Tiere hier leben.

Langsam beginnt die Sonne unterzugehen. Zoe geht mit Dir den Weg hinunter, damit Du wieder heil im Tal ankommst. Du streichelst die kleine Ziege und möchtest sie unbedingt einmal wiedersehen.

Während Du den Weg im Tal entlangläufst, stellst Du Dir vor, dass Du eine kleine Ziege bist. Du springst ein bisschen den Weg entlang und fühlst Dich wie Zoe.

Du spürst, wie die Sonne langsam untergeht. Dein Herzschlag ist ganz ruhig, Du bist entspannt. Dieser Tag hat Dir sehr gut gefallen und Du möchtest unbedingt nochmal hierhin wiederkommen.

Lass Deine Augen noch geschlossen. Atme für ein paar Atemzüge ruhig ein und aus. Beginne, langsam Deine Hände und Finger zu bewegen, anschließend Deine Füße. Komm langsam wieder im Hier und Jetzt an.

6. Herbstbeginn

Beginne mit dieser kleinen Reise wieder in einer bequemen Position. Lege Dich gerne hin oder lehn Dich bequem an ein Kissen. Lass Deine Arme, Deine Hände und Füße ganz entspannt. Achte nicht darauf, was sie tun, sondern lass einfach los.

Atme jetzt für zwei bis drei Atemzüge tief ein und aus. Spüre, wie Du immer entspannter wirst, und schließe dann Deine Augen.

Heute ist es draußen noch ein bisschen neblig und grau. Es ist noch früh am Morgen und Du bist gerade aus dem Bett aufgestanden. Es ist Wochenende und Du stehst erst einmal am Fenster und schaust nach draußen.

Du fragst Dich, ob Du heute wohl hinausgehen kannst. Du schaust weiterhin aus dem Fenster, und langsam beginnt der Nebel sich aufzulösen. Er verschwindet schließlich ganz und die Sonne kommt durch die Wolken. Du möchtest jetzt unbedingt nach draußen und die vielen schönen Pflanzen, Blumen und Bäume sehen!

Du ziehst Dir Deine Jacke und Deine Schuhe an und gehst vor die Tür. Riechst Du das? Diese frische Herbstluft! Sie fühlt sich so klar und erfrischend an. Deine Wangen werden etwas kalt, aber es ist nicht unangenehm. Du spürst einen leichten Wind, der durch Deine Haare weht.

Du gehst in den Park, der gleich neben eurem Haus ist. Hier liegen unzählige Blätter am Boden. Während Du über die Blätter läufst, rascheln diese ein wenig. Welche Blätter kannst Du erkennen? Welche Farben haben sie? Du nimmst ein paar Blätter in die Hand. Spüre und erkunde, wie sie sich anfühlen.

Du läufst weiter und siehst, wie unter einem Baum jede Menge Kastanien liegen. Du hebst ein paar davon auf. Daraus bastelst Du sehr gerne kleine Tierchen mit Deinen Freunden und Freundinnen. Dafür werden Zahnstocher in die Kastanien gesteckt, die aussehen wie Tiere.

Ein Eichhörnchen klettert schnell einen Baum hinauf. Das kleine Tierchen sammelt jetzt genügend Nüsse, damit es für den Winter etwas zu essen hat.

Was magst Du am liebsten am Herbst?

Du genießt die Sonnenstrahlen und die vielen bunten Bäume um Dich herum. Durch den Wind rascheln die Blätter auf beruhigende Weise. Du entspannst Dich. Dann gehst Du langsam wieder nach Hause und siehst vor Eurem Haus noch mehr bunte Blätter, die der Wind dorthin geweht hat. Du lächelst und freust Dich über diese schöne Jahreszeit.

Komm jetzt wieder langsam ins Hier und Jetzt zurück. Lass Deine Augen ruhig noch einen Moment geschlossen. Bewege langsam Deine Finger, Deine Hände und Deine Füße. Atme ein paar Mal ein und aus und öffne dann Deine Augen.

7. FRÜHLINGSBOTEN

Setz Dich entspannt auf ein Kissen oder auf einen bequemen Stuhl. Schließe Deine Augen und genieße diese kleine Fantasiereise. Atme jetzt bewusst ein und aus. Genieße es, wie der Atem durch Deinen ganzen Körper fließt. Wohltuende Wärme erfüllt Deinen Körper.

Es ist Frühling und die Bäume bekommen immer mehr Blätter. Der Winter war dieses Jahr sehr lang und Du hast Dich so auf die ersten warmen Sonnenstrahlen gefreut. Nachdem Du gefrühstückt hast, darfst Du zum Spielen nach draußen.

Du nimmst Deine leichte Jacke mit und gehst an die frische Luft. Riechst Du die klare Frühlingsluft? Schau mal, am Wegesrand wird das Gras immer saftiger und grüner! Du gehst zu einem kleinen See, der in der Nähe Eures Hauses liegt. Dort gibt es eine kleine Badewiese. Du siehst ein paar Gänse über die Wiese laufen und schnattern. Im Wasser tummeln sich die kleinen Enten und schwimmen hintereinander her.

Während Du über die Wiese läufst, siehst Du Schneeglöckchen und Krokusse. Die Bäume bekommen allmählich ebenfalls Blüten. Der Wind weht sanft und die Äste der Bäume bewegen sich. Die warmen Sonnenstrahlen spiegeln sich auf dem See wider. Das sieht aus wie tausend Kristalle im Wasser! Die Gänse fliegen über den See zu einer anderen Wiese.

Du siehst viele andere Menschen, die hier spazieren gehen. Sie sehen glücklich und fröhlich aus, sie haben ihre Kinder und Hunde dabei. Du beugst Dich herunter zum Boden und pflückst eine kleine Blume. Sie ist noch so klein, aber doch schon so farbenfroh!

Hörst Du die Enten und den Wind, wie er über das Wasser weht?

Du läufst noch ein bisschen weiter und in den Wald hinein. Hier siehst Du eine Bank und setzt Dich einen kleinen Moment hin. Dann schließt Du Deine Augen und stellst Dir vor, ebenfalls eine kleine Ente zu sein. Was würdest Du wohl den ganzen Tag tun?

Du entdeckst ein Vogelpärchen im Baum. Sie haben dort ein kleines Nest gebaut und fliegen immer wieder in das Nest hinein. „Dort leben bestimmt kleine Vögelchen", denkst Du Dir. Die Vögel singen schon so schön! Langsam wird es immer wärmer.

Du schließt noch einmal Deine Augen und genießt diese schöne Frühlingsluft. Langsam musst Du Dich wieder auf den Heimweg machen.

Beende die Traumreise, indem Du ein paar Mal tief ein- und ausatmest. Bewege nach und nach Deine Körperteile. Lass Deine Augen dabei ruhig noch kurz zu. Spüre, wie Du entspannt und ruhig bist. Öffne langsam Deine Augen und genieße den Moment.

8. Regentanz

Lege Dich bequem hin und genieße diese kleine Traumreise. Beginne zuerst damit, ruhig ein- und auszuatmen. Lege Deine Hand auf Deinen Bauch und spüre, wie er sich hebt und wieder senkt. Genieße das Gefühl, wie der Atem durch Deinen Körper fließt. Spüre, wie Du immer entspannter wirst und Deine Atmung ruhig wird. Schließe nun Deine Augen.

Es ist ein verregneter Tag im Sommer. Du wolltest heute so gerne nach draußen, doch Du weißt nicht, was Du jetzt bei Regen machen sollst.

Du erinnerst Dich daran, dass Du letztens ein Kinderbuch gelesen hast, und darin wurde beschrieben, wie die Kinder im Regen getanzt haben! Du nimmst also Deine Gummistiefel und Deine Regenjacke und gehst nach draußen.

Direkt vor Eurem Haus ist auch schon die erste Pfütze. Dein kleiner Bruder steht an der Haustür und möchte gerne mit Dir spielen. Du ziehst ihm ebenfalls Gummistiefel und eine Regenjacke an und nimmst ihn an der Hand. Ihr geht zusammen ein paar Schritte vor die Haustür. Der Regen prasselt auf den Boden und die Tropfen springen in den Pfützen umher. Ihr seht ein paar Schnecken am Wegesrand.

Dein kleiner Bruder begrüßt jede einzelne Schnecke mit „Hallo, Schnecke". Ihr geht ein bisschen weiter und es regnet jetzt nur noch leicht. Ihr habt beide sehr dichte Jacken an, damit Ihr schön trocken bleibt.

Ihr findet auf dem Weg eine enorm große Pfütze. Dein kleiner Bruder springt gleich hinein und Du auch. Ihr freut Euch darüber, wie das Wasser in alle Richtungen spritzt und welch lustigen Geräusche das macht. Es hört langsam auf zu regnen, doch Ihr habt so viel Spaß, dass Ihr das gar nicht wirklich bemerkt. Ihr beginnt, im Regen zu tanzen und immer wieder in kleine Pfützen zu hüpfen.
Du hättest gar nicht gedacht, wie viel Spaß es machen kann, im Regen zu spielen!

Ihr lauft noch ein bisschen weiter und von den Bäumen tropft es herunter. Du schaust nach oben und siehst die Regentropfen auf den Blättern. Langsam rutschen sie nach unten auf den Boden. Das Gras am Wegesrand ist nass und quietscht, wenn man darüber läuft. Ihr seid beide am Lachen und genießt Euer kleines Spiel.

Allmählich kommt die Sonne durch die Wolken hindurch. Die ersten Strahlen treffen Eure Gesichter. Kannst Du riechen, wie einzigartig die Luft riecht? Besonders nach Regen hat sie einen ganz bestimmten erdigen Geruch. Was siehst Du, gibt es vielleicht Tiere in Eurer Umgebung?

Ihr macht Euch langsam wieder auf den Weg nach Hause. Voller Eindrücke kommt Ihr zu Hause an und erzählt erst einmal Euren Eltern davon, wie toll doch das Tanzen im Regen ist!

Komm nun langsam wieder im Hier und Jetzt an. Bewege behutsam Deine Finger. Anschließend kannst Du Deine Arme, dann Deine Zehen und Füße bewegen. Öffne Deine Augen, atme für ein paar Mal tief ein und wieder aus und genieße den Moment.

9. Abendspaziergang

Hast Du einen Lieblingsplatz? Wenn ja, dann kannst Du für diese kleine Reise an Deinen Lieblingsort gehen und es Dir dort bequem machen. Mach es Dir gemütlich, zum Beispiel mit Kissen, und schaffe Dir einen echten Wohlfühlort.

Atme jetzt ein und wieder aus. Lege Deine Hände auf Deinen Bauch und spüre, wie er sich hebt und senkt. Schließe anschließend Deine Augen und komm mit auf diese kleine Fantasiereise.

Es ist ein Sommerabend und Du gehst im Wald spazieren. Die Sonne ist noch nicht ganz untergegangen und Du siehst, wie sie noch mit letzter Kraft durch die Bäume scheint. Es ist ganz ruhig und still, während Du durch den Wald läufst.

Du siehst eine kleine Lichtung und läufst vorsichtig hin. Denn auf der Lichtung brennt ein kleines Lagerfeuer und darum herum stehen zwei gepolsterte Holzstühle. Du schaust Dich um, doch Du kannst niemanden sehen. Du setzt Dich auf einen dieser Stühle und lauschst dem Knistern des Feuers. Spürst Du, wie Dein Gesicht warm wird? Riechst Du das brennende Holz?

Du kuschelst Dich in das Polster des Holzstuhls. Du schließt Deine Augen, lauschst dem Knistern und genießt die Wärme. Dann streckst Du Deine Hände zum Feuer aus und spürst die Wärme.

Das Feuer ist für Dich wie eine kleine Energietankstelle. Hier kannst Du all Deine Kräfte wieder auffüllen. Die Wärme gibt Dir Geborgenheit und schenkt Dir ein wohliges Gefühl. Atme ruhig und entspannt ein und aus. Die Wärme durchströmt Deinen Körper immer mehr. Jedes Körperteil wird von innen heraus immer wärmer und Du fühlst Dich geborgen und glücklich.

Über Deinen Fuß klettert ein kleiner Grashüpfer. Er bewegt sich zum Feuer hin und möchte sich dort ebenfalls ein bisschen wärmen. Du siehst, wie es ihn immer näher zum Feuer treibt und er dann davor sitzen bleibt.

Die Sonne ist jetzt vollständig untergegangen und Du kannst den Mond sehen. Schau doch einmal in den Himmel hinauf. Siehst Du schon die Sterne?

Die unzähligen Sterne erleuchten den Himmel und der Mond wird immer deutlicher sichtbar. Du bist fasziniert und versuchst, eine Sternschnuppe zu sehen. Plötzlich blitzt tatsächlich etwas am Himmel entlang, das kann eine Sternschnuppe gewesen sein! Schließe Deine Augen und überlege Dir einen Wunsch. Wenn man eine Sternschnuppe sieht, darf man sich nämlich etwas wünschen. Die Sternschnuppe erhört Deinen Wunsch und kann ihn Dir dann erfüllen.

Das Feuer beginnt, kleiner zu werden. Du hörst noch, wie es sanft knistert. Du lässt Deinen Atem ganz ruhig fließen und genießt nochmal diesen schönen Moment. Dann gehst Du langsam wieder nach Hause und träumst von diesem schönen Abend.

Damit Du nun wieder im Hier und Jetzt ankommst, darfst Du bewusst ein- und ausatmen. Nimm Dir hierfür ruhig ein bisschen Zeit. Genieße noch diesen Moment der Ruhe und Geborgenheit, die Du mit in Deinen Alltag nehmen kannst. Öffne dann Deine Augen.

10. Flieg, kleines Vögelchen

Wolltest Du auch schon immer mal fliegen wie ein Vogel? Auf dieser kleinen Reise kannst Du genau das erleben!

Setz oder lege Dich bequem hin. Mach es Dir richtig gemütlich und atme sanft ein und wieder aus. Genieße die Stille um Dich herum und lausche Deinem eigenen Atem. Spüre, wie sich Dein Bauch hebt und wieder senkt. Schließe dann Deine Augen.

Du stehst nun auf einer kleinen Lichtung und schaust über saftig grüne Wiesen. Um Dich herum befindet sich ein Wald mit zahlreichen großen Bäumen. Die Sonne scheint auf Deine Nasenspitze und kitzelt Dich. Stell Dir nun vor, wie es wäre, ein Vogel zu sein.

Du schaust zum Himmel und siehst die vielen Vögel, die am Himmel fliegen. Wie sehen die Vögel aus? Was haben sie für Flügel? Wie groß sind sie? Welche Farben haben ihre Federn?

Du träumst gerade davon, wie auch Du fliegen könntest, und plötzlich landet neben Dir ein großer und prächtiger Adler. Du zuckst zusammen und bist im ersten Moment erschrocken. Der Adler schaut Dich an und sagt, dass er Aaron heißt. Er hat wunderschöne Feder, und wenn er diese ausbreitet, dann sind sie unglaublich riesig.

Der Adler fragt Dich, ob Du ebenfalls gerne fliegen möchtest. Du sagst natürlich sofort Ja und Aaron versucht Dir zu erklären, wie das Fliegen funktioniert. Als Erstes musst Du Dir vorstellen, wie Du fliegst. Überlege Dir dafür einmal, welche Art Vogel Du sein möchtest. Wie würdest Du aussehen, was hättest Du für Flügel?

Stell Dir jetzt konkret vor, Du hättest Flügel. Anschließend musst Du mit diesen ganz feste schlagen, damit Du losfliegen kannst. Aaron hilft Dir dabei: Er gibt Dir einen Schubs und plötzlich hebst Du ab. Du fliegst immer höher und siehst plötzlich alles von oben. Der Adler fliegt neben Dir her und

Ihr fliegt zu zweit immer weiter nach oben. Du kannst jetzt alles von oben sehen und es sieht alles so klein aus. Der Wald zum Beispiel ist plötzlich winzig! Unterwegs begegnen Euch noch andere Vögel.

Die Bäume sehen aus wie kleine Ameisen und die Menschen ebenso. Es ist so schwerelos, hier oben zu fliegen, und Du spürst ein Gefühl von Freiheit. Du fühlst Dich wohl hier oben! Du fliegst ganz entspannt immer weiter durch die Wolken, über Seen, Berge, Wiesen und Wälder. Du siehst viele Häuser von oben und jede Menge Tiere.

So wie Deine Flügel schlagen, so entspannt ist auch Deine Atmung. Mit jedem Flügelschlag atmest Du sanft ein und wieder aus. Du bist völlig entspannt und kannst alles loslassen, was Dich unglücklich oder wütend macht. All Deine Sorgen und Ängste kannst Du jetzt loslassen.

Dein gesamter Körper ist schwerelos, Du spürst schon kaum noch Deine Arme und Beine. Alles fühlt sich so leicht und unbeschwert an. Du bist frei und hier oben gibt es keine Sorgen. Du genießt dieses Gefühl sehr!

Langsam beginnst Du, mit Aaron zu landen. Komm jetzt wieder im Hier und Jetzt an. Atme nochmal im Rhythmus des Flügelschlags ein und wieder aus. Genieße das Gefühl der Schwerelosigkeit und öffne langsam Deine Augen.

11. WINTERMÄRCHEN

Diese kleine Reise findet in einer wunderschönen winterlichen Landschaft statt. Lege Dich erstmal bequem hin und atme ruhig ein und aus. Beginne nach und nach, Deine Hände, Deine Füße und Deinen gesamten Körper zu entspannen. Lass Deine Muskeln locker und konzentriere Dich auf Deine Atmung. Spüre, wie sich Dein Bauch hebt und wieder senkt.

Schließe jetzt Deine Augen und genieße die Reise.

Es ist Januar und überall liegt viel Schnee. Du bist warm angezogen und spürst die klirrende Winterluft. Es riecht sogar nach Schnee und Du kannst Deinen Atem als Dampfwolken beobachten. Du lässt Dich nun in den Schnee fallen. Spüre einmal mit Deinen Händen den Schnee zwischen Deinen Fingern. Spürst Du, wie kalt er ist?

Während Du im Schnee liegst, fliegen kleine Flocken auf Dein Gesicht, denn es schneit. Du öffnest den Mund und die Flocken landen auf Deiner Zunge. Du schmeckst den Schnee und genießt dieses Gefühl. Aber Du bekommst kalte Hände vom Schnee. Also stehst Du auf und gehst ein paar Schritte.

Um Dich herum ist weit und breit nichts außer Wald. Die Baumwipfel sind mit Schnee bedeckt und Du hörst bei jedem Schritt, den Du gehst, ein leichtes Knirschen. Zwischendurch siehst Du Fußstapfen. Du versuchst, in die Fußstapfen zu treten, doch sie sind viel größer als Deine eigenen.

Dann nimmst Du etwas Schnee und formst daraus eine kleine Kugel. Diese wirfst Du in die Luft und schaust zu, wie sie zerfällt. Du formst noch eine Kugel und spürst, wie sie in Deiner Hand schmilzt. Deine Hände werden erneut kalt vom Schnee und Du genießt dieses Gefühl.

Du läufst noch ein bisschen weiter in den Wald hinein. Du schaust Dich aufmerksam um und siehst einen kleinen Vogel zwischen den Bäumen umherfliegen. Dann bemerkst Du, wie die Sonne langsam durch die Wolken bricht. Der Schnee beginnt, wunderschön zu glitzern. Du schaust fasziniert auf den schimmernden und glitzernden Schnee.

Dann baust Du einen kleinen Schneemann. Zwei kleine Äste sind seine Arme und zwei Steine seine Augen. Dieser Schneemann erinnert Dich an diesen schönen Spaziergang durch den Wald.

Du bist ruhig geworden und Deine Atmung ist entspannt. Du atmest noch einmal bewusst ein und wieder aus. Streck Dich einmal, mach Deinen Körper so richtig lang. Öffne dann langsam Deine Augen und genieße den Moment.

Sechs Meditationstechniken für Kinder

Meditation ist nicht nur für Erwachsene eine wunderbare Methode, um vom Alltag abzuschalten und seinen Kopf von belastenden Gedanken zu befreien, sondern auch für Kinder. Der Alltag der Kleinen wird, wie oben erläutert, immer stressiger, und es werden immer mehr Anforderungen und Erwartungen an sie gestellt. Umso wertvoller ist es, dass Ihr Kind zwischendurch entspannen und Stress abbauen kann. Meditationstechniken sind hierfür sehr gut geeignet.

Es wird dabei zwischen der aktiven und der passiven Meditation unterschieden. Bei der aktiven Meditation geht es vor allem darum, in Bewegung zu sein. Sie wird daher auch als „Bewegungsmeditation" bezeichnet. Durch bestimmte Bewegungen lernt das meditierende Kind, seinen Gedanken einen gewissen Rhythmus zu geben. Durch diese langsamen Bewegungsabfolgen kann sich Ihr kleiner Liebling entspannen und zur Ruhe finden.

Bewegungsmeditationen sind zum Beispiel:

- Yoga
- Kampfkünste
- Gebete und Mantras
- Tanz
- Gehmeditation

Bei der passiven Meditation, auch „kontemplative Meditation" genannt, ist das meditierende Kind nicht in Bewegung. Oftmals sitzt es dabei völlig still.

Passive Meditationstechniken sind:

- Achtsamkeitsmeditation: Hierbei geht es vor allem darum, sich bewusst im Hier und Jetzt zu befinden und aufmerksam wahrzunehmen. Durch diese Wahrnehmung werden positive Effekte im Gehirn ausgelöst.
- Konzentrationsmeditation: Bei dieser Art der Meditation soll man sich auf einen bestimmten Gegenstand, eine andere Person oder ein Gefühl konzentrieren. Während dieser Meditation kann Ihr Kind gut zur Ruhe kommen.

Entscheidend ist, dass Sie bei der Meditation Ihrem Kind keinen Druck machen. Achten Sie darauf, dass sich Ihr Kind wohlfühlt. Schaffen Sie hierfür eine angenehme Atmosphäre und gehen Sie auf die Bedürfnisse der Kleinen ein. Falls eine

Meditation an einem Tag nicht gut funktioniert, dann ist das kein Problem. Versuchen Sie es einfach zu einer anderen Zeit noch einmal. Versuchen Sie, am Anfang mit kleinen Meditationen zu beginnen, hierfür reichen oft schon ein paar Minuten aus.

Wichtig ist aber vor allem, dass Sie nicht aufgeben und weiterhin versuchen, mit Ihrem Kind zu meditieren.

1. Sei kreativ - Mandalas ausmalen

Bei Mandalas handelt es sich um sogenannte Kreisbilder. Diese Bilder haben eine spezielle Struktur und Regelmäßigkeit. Während Ihr Kind ein Mandala ausmalt, kann es sich einzig und allein darauf konzentrieren und kommt dadurch zur Ruhe. Durch diese kleine Meditation lernt Ihr Kind, spielerisch abzuschalten und sich zu entspannen. Weiter unten finden Sie zwei Mandalas für Ihr Kind zum Ausmalen.

- Suche Dir eines der beiden Mandalas aus.
- Wähle dann ein paar Farben aus und beginne, das Bild sorgfältig und in Ruhe auszumalen.
- Versuche, Dich nur darauf zu konzentrieren und ganz bei der Sache zu sein. Falls Du merkst, dass Du eine Pause brauchst, dann ist das kein Problem. Nimm Dir einfach eine kleine Pause und mach danach weiter.
- Versuche, die Mandalas in Ruhe auszumalen, und spüre, wie Dich das entspannt.

2. HERZWÄRME

Diese Übung ist besonders dann für Dich geeignet, wenn Du Dich mal wieder richtig geborgen und wohlfühlen möchtest. Die Übung kann Dir dabei helfen, dass Du offener und achtsamer durch das Leben gehst.

- Stell Dich breitbeinig hin und versuche Dir vorzustellen, dass Du sehr viel Platz einnimmst.
- Öffne Deine Arme und halte sie vor Deine Brust. Schaffe Dir Platz, indem Du Dir zwischen Deinen Armen viele kleine Bälle vorstellst. Fülle Deinen ganzen Körper jetzt mit Aufmerksamkeit auf das Hier und Jetzt, während Du einige Male tief ein- und ausatmest.
- Öffne Deine Arme anschließend zu beiden Seiten und verlagere Deine Aufmerksamkeit nun auf Herz und Arme. Spüre, wie sich Dein Herz öffnet. Vergiss während der gesamten Übung nicht zu lächeln und lass Deine Freude in die Welt strömen.
- Führe Deine Arme anschließend abwechselnd einige Male wieder zum Körper und öffne sie.

Bei dieser Übung kann es am Anfang sein, dass sich das für Dich noch komisch anfühlt. Vielleicht hast Du Angst davor, die Wärme in Dein Herz zu lassen und Dich zu öffnen. Hab aber keine Angst, denn das wird Dir guttun. Du kannst durch diese Übung lernen, die kleinen Dinge wahrzunehmen und liebevoll durch den Alltag zu gehen.

3. Die Fünf-Minuten-Meditation

Die Welt, in der wir leben, ist voller Ablenkungen und Reize. Bereits Kinder werden ständig durch technische Geräte wie zum Beispiel Tablets, Smartphones, Computer oder Fernseher dazu verlockt, sich nach außen zu richten. Sie können sich damit den ganzen Tag beschäftigen und sind sich gar nicht darüber im Klaren, wie viele Stunden dabei vergehen. Ihre Gedanken sind in der Folge oft unkonzentriert und zerstreut. Es wird ein starker Wille benötigt, damit einen die Bequemlichkeit und Gewohnheit nicht stets in erneute Versuchung bringen.

Damit Du Deine Aufmerksamkeit und Deinen Geist bewusst in eine andere Richtung lenken kannst, erkläre ich Dir hier die nachfolgende Meditation. Sie ist insbesondere in solchen Momenten für Dich geeignet, in denen Du gerade nicht viel Zeit hast.

- Nimm Dir fünf Minuten Zeit und richte Deine gesamte Aufmerksamkeit auf ein Objekt Deiner Wahl, wie zum

Beispiel auf eine Kerze, ein Bild oder etwas, das Dich anspricht.

- Auf den ersten Blick scheinen fünf Minuten nicht lang zu sein, wenn Du Dich aber richtig konzentrierst, ist es länger als gedacht.
- Bleib während dieser ganzen Zeit mit Deiner Aufmerksamkeit bei diesem Gegenstand. Versuche wirklich, Dich nicht ablenken zu lassen.
- Falls Du merkst, dass Du an etwas anderes denkst, versuche, wieder zu dem Gegenstand zurückzukommen.
- Nach den fünf Minuten darfst Du Deine Muskeln einmal lockern und Dich wieder auf etwas anderes konzentrieren.

4. BEWEGUNGSMEDITATION

Gerade für Kinder ist es oft schwierig stillzusitzen. Daher geht es bei dieser Meditation darum, während dem Gehen zur Ruhe zu kommen.

- Zuerst wird eine lange Schnur gerade auf den Boden gelegt.
- Gehe jetzt langsam an dieser Schnur entlang. Wichtig ist, dass Du Dich nicht von Geräuschen oder Gegenständen ablenken lässt.
- Versuche, völlig im Hier und Jetzt zu sein, und genieße diese kleine Auszeit für Dich persönlich.
- Du kannst, wenn Du möchtest, am Ende der Schnur umdrehen und wieder zurückgehen, wenn Du spürst, dass es gut für Dich ist.
- Nimm Dir ausreichend Zeit und laufe extra langsam.

5. Entspannungsmeditation für den Alltag

Diese Methode eignet sich zum Meditierenlernen und orientiert sich am Sehsinn. Du kannst Dir dabei aussuchen, ob Du lieber sitzen oder stehen möchtest. Beide Varianten sind möglich. Meditieren heißt, nicht zu denken, also an wirklich gar nichts zu denken, und das ist für viele Menschen gerade die Schwierigkeit dabei. Es kann sein, dass das Dir anfangs für ein paar kurze Augenblicke gelingt und dann die Gedanken wieder abschweifen.

- Damit Du mit dieser Übung beginnen kannst, atme tief ein und wieder aus. Lass alles los, was um Dich herum passiert, und komm zur Ruhe.
- Schließe Deine Augen und atme immer weiter sanft ein und wieder aus. Lege Deine Hände auf Deinen Bauch und spüre, wie er sich hebt und wieder senkt.
- Stell Dir jetzt einmal vor, dass Deine Gedanken wie Schmetterlinge sind. Sie fliegen permanent um Dich herum. Sieh Deine Schmetterlingsgedanken lebhaft um Dich herumfliegen. Schaffst Du dies?
- Stell Dir anschließend einen Kescher vor, mit dem Du all Deine Gedanken einfängst, als ob Du viele kleine Schmetterlinge fangen würdest.
- Versuche dann, all die eingefangenen Schmetterlinge in Gedanken in Deinen Bauch zu bringen.
- Vielleicht kann es Dir helfen, Dir dabei vorzustellen, die Schmetterlinge mithilfe einer schraubenförmigen Bewegung in Deinen Bauch zu bringen, wie dies bei einer Wendeltreppe der Fall wäre.
- Versuche, die Schmetterlinge in Deinem Bauch zu behalten, als wären sie in einem Glas mit Deckel oder unter einer Glocke gefangen.
- Suche Dir aus diesen beiden Vorstellungen heraus, welche Dich mehr anspricht.

Damit Du diese Übung gut durchführen kannst, brauchst Du ein bisschen Geduld, Willenskraft, Konzentration und eine ruhige Art zu atmen. Ansonsten kann es Dir passieren, dass die Schmetterlinge in Deinem Bauch wieder wild umherfliegen und ruhelos nach oben steigen. Probiere es weiterhin aus, bis Du Deine Art zu meditieren findest. Falls noch ein Schmetterling umherfliegt, fange ihn wieder mit dem Kescher ein und halte ihn anschließend in Deinem Bauch fest.

6. Sei gut zu allen Lebewesen

Diese Meditationsübung können Sie mit Ihrem Kind vor dem Schlafengehen durchführen. Hierdurch lernt es, am Tagesende positive Gefühle zu verinnerlichen. Sie können zwischen den Übungen mit Ihrem Kind jeweils ein wenig Pause machen. So kann Ihr kleiner Liebling die Eindrücke und Gefühle verarbeiten und sich darauf konzentrieren.

- Komm zuerst in eine bequeme Position. Du kannst sitzen oder liegen, ganz wie Du magst.
- Schließe jetzt Deine Augen.
- Denke an etwas Schönes, das Dich glücklich macht. Das kann zum Beispiel Dein Kuscheltier sein, ein Spiel, Dein Haustier oder ein bestimmter Mensch.
- Lege nun Deine beiden Hände auf Deine Brust.

- Stell Dir dann vor, wie ganz viel Wärme durch Deinen Körper strömt. Du spürst ein warmes, glückliches und friedliches Gefühl.
- Dieses schöne Gefühl erfüllt jetzt Dein ganzes Zimmer.
- Das Gefühl bleibt aber nicht in Deinem Zimmer, sondern es strömt durch das ganze Haus, zu Deinen Freunden, Deiner Familie, in Deine Schule und Deine gesamte Stadt.
- Alle Lebewesen werden von diesem Gefühl durchströmt. Tiere und Menschen können dieses Gefühl spüren, ganz egal, wo sie sind, ob sie auf der Erde, im Himmel oder im Meer sind.
- Genieße dieses Gefühl bewusst.
- Öffne dann wieder Deine Augen und komm im Hier und Jetzt an. Nimm dieses Gefühl mit in die Nacht und träum etwas Schönes.

SCHLUSSWORT

Liebe Mütter und Väter,

herzlichen Dank, dass Sie dieses Buch gekauft und das Interesse aufgebracht haben, es zu lesen. Ich hoffe, dass Sie viele wertvolle Impulse finden und tiefer in das so wertvolle Thema der Achtsamkeit eintauchen konnten.

Achtsamkeit hat so viele positive Wirkungen auf unser Leben und das Leben unserer Kinder. Und nichts ist bedeutsamer, als die Kleinen von klein auf zu stärken und als achtsame, dankbare und positiv eingestellte Menschen ins Leben zu schicken.

Wenn Sie zuvor mit der Achtsamkeitspraxis noch nicht in Berührung gekommen sind, bitte ich Sie darum, sich Zeit zu lassen. Tasten Sie sich mit Ihrem kleinen Liebling schrittweise an diese Praxis heran und entdecken Sie mit viel Geduld die einzelnen Übungen, Traum- und Fantasiereisen sowie die Meditationen.

Achtsamkeit soll den Familienalltag bereichern und keinesfalls zu einer Druck- oder Stressquelle werden. Lassen Sie sich daher die nötige Zeit, um in diese achtsame Haltung hineinzuwachsen.

Ich wünsche Ihnen und Ihren Kindern nun viel Freude beim Ausprobieren sowie beim spielerischen Eintauchen in die Achtsamkeitspraxis.

Alles Gute für Sie!

QUELLENVERZEICHNIS

Fischer, J. A., Klingbeil, D. A., Renshaw, T. L., Willenbrink, J. B., Copek, R. A., Chan, K. T., Haddock, A., ... Clifton, J. (2017). Mindfulness-based interventions with youth: A comprehensive meta-analysis of group-design studies. Journal of School Psychology, 63, 77–103.

Xue, J., Zhang, Y., Huang, Y., & Tusconi, M. (2019). A meta-analytic investigation of the impact of mindfulness-based interventions on ADHD symptoms. Medicine (United States), 98(23).

Segal, Z. V., Williams, J. M. G. & Teasdale, J. D. (2002). Mindfulness-based cognitive therapy for depression: A new approach to preventing relapse. New York, NY: Guilford.

Khoury, B., Sharma, M., Rush, S. E., & Fournier, C. (2015). Mindfulness-based stress reduction for healthy individuals: A meta-analysis. Journal of psychosomatic research, 78(6), 519–528.

Dunning, D. L., Griffiths, K., Kuyken, W., Crane, C., Foulkes, L., Parker, J., & Dalgleish, T. (2018). Research Review: The effects of mindfulness-based interventions on cognition and mental health in children and adolescents – a meta-analysis of randomized controlled trials. Journal of Child Psychology and Psychiatry, 60(3), DOI: 10.1111/jcpp.12980

Zenner, C., Herrnleben-Kurz, S., & Walach, H. (2014). Mindfulness-based interventions in schools-a systematic review and meta-analysis. Frontiers in psychology, 5, 603.

BILDERVERZEICHNIS

© sunemotion – Depositphotos – ID#156299910
© stetsik – Depositphotos – ID#204392282
© EdZbarzhyvetsky – Depositphotos – ID#173883076
© AllaSerebrina – Depositphotos – ID#158692896
© luiscarceller – Depositphotos – ID#32492559
© Leksann – Depositphotos – ID#215755714
© allebloshka – Depositphotos – ID#160970244
© Srtajihan – Depositphotos – ID#470948770
© wenpei – Depositphotos – ID#178018720
© Ale-ks – Depositphotos – ID#189428158
© svaga – Depositphotos – ID#140903574
© famVeldman – Depositphotos – ID#122781858
© Dazdraperma – Depositphotos – ID#13312657
© whitestorm4 – Depositphotos – ID#212320624
© Yaruta – Depositphotos – ID#66601307
© t.tomsickova – Depositphotos – ID#170220398
© axenova-n.yandex.ru – Depositphotos – ID#465369862
© axenova-n.yandex.ru – Depositphotos – ID#455934618

IMPRESSUM

Deutschsprachige Erstausgabe Juli 2021
Copyright © 2021

EK-2 Publishing GmbH
Geschäftsführerin: Monika Münstermann
Friedensstr. 12
47228 Duisburg
Registergericht: Duisburg
Handelsregisternummer: HRB 30321

Buchsatz: Danileoart - www.danileoart.de

ISBN: 978-3-96403-153-2

Alle Rechte vorbehalten
Nachdruck, auch auszugsweise, nicht gestattet

Das Werk, einschließlich seiner Teile, ist urheberrechtlich geschützt. Jede Verwertung ist ohne Zustimmung des Verlages und des Autors unzulässig. Dies gilt insbesondere für die elektronische oder sonstige Vervielfältigung, Übersetzung, Verbreitung und öffentliche Zugänglichmachung.

Printed in Poland
by Amazon Fulfillment
Poland Sp. z o.o., Wrocław